Georg Moser

Ich bin geborgen

Georg Moser

Ich bin geborgen

Worte der Zuversicht

Herder

Freiburg · Basel · Wien

Elfte Auflage
als Sonderausgabe

Umschlagbild: Alfred Manessier
Fenster (1960) in der Krypta der Münsterkirche Essen
© 1975, by Adagp Paris und Cosmopress Genf

Meinen Eltern

Zu dieser Wort-Sammlung

Bei der Wahl meines Buchtitels entsann ich mich der vielen, die insgeheim denken: Wenn ich nur sagen könnte ‚Ich bin geborgen‘! Und der Untertitel spielt an auf die sich heute immer mehr ausbreitende Resignation. – Der Christ weiß sich geborgen in der Ungeborgenheit, erwartet jedoch die endgültige Geborgenheit jenseits der Zeit. Aber es darf ihm nicht nur um *seine* Geborgenheit gehen; er ist verantwortlich für die Geborgenheit aller.

Der Vorschlag zu dieser Sammlung ging vom Verlag aus. Ich habe nach einigem Zögern zugestimmt, weil ich im priesterlichen Dienst jede Gelegenheit zur Verkündigung ergreifen will. Dabei kann ich freilich nur die ‚alte‘ Wahrheit im eigenen Ton wiedergeben, ergänzt um persönliche Erfahrungen und angewendet auf unsere gegenwärtige geschichtliche Stunde.

Worte aus Predigten, Ansprachen, Vorträgen, Diskussionen, Meditationen, Briefen wurden ausgezogen und um kurze Texte aus meinen veröffentlichten Schriften vermehrt. Eine lose Gliederung schien angezeigt, da sich der Leser dann an Stichworten orientieren kann; er findet vielleicht einmal da, einmal dort „das rechte Wort zur rechten Zeit". Aus den Zitaten ergibt sich insgesamt wohl so etwas wie ein Lebenskonzept.

Georg Moser

Inhalt

Menschen müssen wir erst werden

Der Mensch wird nicht ‚von selber' Mensch; wenn sein Leben gelingen soll, muß er es unablässig in die Hand nehmen. Grundsätzlich geht es dabei um die Pflege, um die Kultivierung der inneren Welt. „Wir werden nur als Lebewesen geboren", sagt uns der französische Philosoph Gabriel Marcel, „Menschen müssen wir erst werden."

In einem Büro las ich als ermunternden Spruch das Wort von Balzac: „Die Ziege muß eben dort weiden, wo sie angebunden ist." Die Ziege tut das Unvermeidliche, der Mensch aber, der in seiner relativen Freiheit Ja oder Nein zu sagen vermag, kann das Gegebene als Aufgabe annehmen in freier Bejahung. Darin besteht seine Würde. Auch innerhalb seiner Beschränkung ist dem Menschen vieles erreichbar, mehr als der Träge und Resignierende wahrhaben will. Dazu bedarf es jedoch einiger Entschlußkraft, und man braucht dazu ein Konzept. Konzept heißt: Man muß wissen, was man innerhalb seiner Grenzen erreichen will, und muß mit zäher Beharrlichkeit dieses gesteckte Ziel verfolgen, auch dann, wenn Widerstände auftreten, wenn Geduld und vielleicht sogar Umwege vonnöten sind.

Die Sinnfrage spitzt sich heute in einer bedrängenden Weise zu. Sinn aber findet man nicht wie einen bunten Kieselstein am Weg; man muß ihn suchen, muß ihn entdecken, muß nach ihm graben wie nach einer verborgenen Quelle.

Was ist der Sinn, was ist der Kern und Stern meiner Existenz? Lohnt sich denn mein Leben überhaupt? Durch solches Nachsinnen wird das Schöpfungsbewußtsein wachgerufen. Es geht um die Einsicht: Ich bin einmalig in dieser Welt, und ich habe eine einmalige Chance, mein Leben zu leben. Diese Chance muß ich nutzen, indem ich mein Leben auf einen Sinn und auf ein Ziel hin orientiere. Entscheidung heißt: eine Wahl treffen und am Gewählten unbeirrt festhalten.

Jedes Leben und jede Zeit birgt Chancen in sich. Ein Leben gelingt aber nur dort, wo einer von dem Zentrum herkommt, in welchem der Sinn unseres Tuns begründet liegt. Der uns liebende Gott ist dieser Urgrund, ist diese Mitte.

Wir müssen uns auf ein zwar unvollendetes, aber vorwärtsdrängendes Leben einstellen. ,,Nichts ist verloren, solange einer voranstrebt", versichert Augustin. Der Mensch muß voranstreben, muß sein Leben so führen, daß es nach vorne offen ist; er braucht eine Zukunft.

Damit es auf dem Weg zum wahren Selbst vorwärtsgeht, bedarf es einer unbedingten Entschlossenheit. Der Entschlossene sagt nicht ,Ich möchte gern', er sagt vielmehr ,Ich will'. Er weiß, daß viele Wünsche sterben müssen, bis das wahre Ich, der durchgebildete Wille erscheint.
Der Entschlossene glaubt, daß ihm Gott ein Feld zur Bewältigung anvertraut hat und daß er auch die Kraft erhält, es umzupflügen. Hier verwirklicht sich die Freiheit des Menschen, die ja nichts anderes besagt, als daß einer Herr wird über alle feindlichen Mächte, die ihn von seinem innersten Wesen und von seiner Berufung wegzwingen wollen.

Leben gelingt nur dort, wo es selber gesteuert und immer wieder neu in Angriff genommen wird. Wäre es nicht auch eintönig ohne Mühe und Anstrengung? Es gibt nichts Spannenderes als die Verwirklichung eines Programms und nichts Langweiligeres als ein schlaffes, bequemes Leben. Wer ein Programm hat, braucht keine Rauschmittel, um ein Abenteuer zu erleben. Dem Zielbewußten ist jeder Tag ein neues Abenteuer.

Das Gute, zu dem wir uns entschließen, macht uns nie ärmer; es macht uns und andere besser und glücklicher.

Die eigene Gestaltung des Schicksals erfordert geistige Vitalität. Wer geistig leer, träge, unbeweglich ist, der kommt nicht voran. Er lebt höchstens nach den Verhaltensmustern, die andere ihm anpreisen.
Manche meinen, zu einem entschiedenen geistigen Leben bedürfe es komplizierter Voraussetzungen; ein Leben aus dem Geiste sei letztlich nur mit Hochschulstudium oder wenigstens mit Abitur erlangbar. Das ist jedoch eine falsche Annahme. Es gibt genug Menschen, die diese Fehlvorstellung durch ihr Verhalten widerlegen. Geistiges Leben hat kaum etwas mit angehäuftem Buchwissen zu tun. Es entwickelt sich vielmehr durch Wachsamkeit, offenes Interesse, kritisches Dabeisein, teilnehmende Wärme und ein unermüdliches Fragen nach dem Übergeordneten, Umfassenden. Keiner ist von diesem geistigen Leben ausgesperrt, weder der Handarbeiter noch die Hausfrau, weder der kranke noch der alte Mensch. Ein Maurer, der an einem Haus mitbaut, tut seine Arbeit bereits als geistiger Mensch, wenn er sich bewußtmacht, welch unersetzlichen Dienst er einer Familie leistet, indem er ihr ein Heim schafft; seine Hand-

arbeit kann er auf die erhabensten menschlichen Werte beziehen. Die Hausfrau, die kocht und Staub wischt aus Liebe zu den Ihren, erstickt seelisch nicht im Küchendunst und Staub, weil sie das Kleine um des Großen willen tut.

Wer zu Großem aufgebrochen ist, darf sich nicht von Kleinem ablenken und aufhalten lassen. Wie viele aber lassen sich heute vom Kleinen abziehen! Auf wieviel Engstirnigkeit treffen wir doch tagtäglich; auf wieviel läppische Wichtigtuerei mit Gesundheit, Schlankheit, Schönheit; auf wieviel törichte Augenblickssorgen! Und wer zu Großem auf dem Wege ist, der vergeudet seine Zeit nicht. Alle, die aus ihrem Leben etwas machen wollten, haben ihre kostbare Zeit eingeteilt; deshalb hatten sie ja Zeit für das Wesentliche, auch für einen Liebesdienst und für ein gutes Gespräch.

Jeder hat seine Grenzen und seine Schwächen in leiblicher, geistiger und seelischer Hinsicht. Den Alles-Könner und den Ganz-Gesunden, sei es am Leib oder an der Seele, gibt es nicht. Wir alle müssen mit unseren Mängeln zurechtkommen und sie auszugleichen versuchen. Jeder hat aber auch Kräfte, hat Gutes und Wertreiches. Und mancher, der jammert, diese oder jene Umstände seien seiner Selbstentfaltung zuwider, täte weit besser daran, er schickte sich in die Gegebenheiten und ergriffe alle Chancen, die in den gebotenen Verhältnissen liegen.

Wir versäumen die eigenen Entfaltungschancen, wenn wir immerfort neiderfüllt auf die Anderen blicken. Fragen wir uns einmal auf Ehr' und Gewissen, ob wir denn tatsächlich diese beneideten Anderen sein wollen!

„Wir beneiden die, die wir nicht sein möchten", sagte ein humorvoller Weiser.

Mit unnützen Vergleichen verfehlen wir uns selber. Die Psychologen betonen immer wieder, daß der Mensch sich selbst finden und verwirklichen müsse, wolle er in Frieden mit sich und anderen auskommen. Die Selbstverwirklichung ist zwar nicht die letzte Aussage über den Sinn des menschlichen Lebens, aber sie ist eine sehr wesentliche Erkenntnis.

Der Demütige ist der einzige, der das richtige Selbstwertbewußtsein besitzt. Er hat nicht die Minderwertigkeitsgefühle, von denen heute soviel die Rede ist. Wie könnte er sich geringachten, wenn er überzeugt ist, daß Gott ihn so gewollt hat, wie er in seinem Wesen und in seiner leiblichen Erscheinung über die Erde geht? Wer aus der Hand des Schöpfers seine Größe und seine Grenzen und den Auftrag zum ‚Werden' annimmt, wird immer besser auf sich vertrauen lernen, wird sich richtig einschätzen in der Erkenntnis: Das kann ich und das vollbringe ich im Leben.

Halten wir unermüdlich Gewissenserforschung und fragen uns in Ruhe: Wer bin ich eigentlich? Wie verhalte ich mich? Worauf ziele ich im Innersten meiner geistigen Bewegungen? Wer sich so unbestechlich prüft, kommt aus der dummen Selbstvergötzung heraus. Eine mutige, immer wieder neu vollzogene Selbstkritik kann dazu führen, daß einer seine positiven und negativen Seiten, seine Werte und Unwerte erkennen lernt.

Selbsterkenntnis tut weh, sehr weh. Ohne sie gibt es aber keine Menschwerdung im Menschen.

Wer unablässig Geduld übt, wird allmählich bescheiden, weise, gütig, gelassen und heiter. Er erlebt täglich die dem Menschen gesetzten Grenzen und im besonderen die eigenen Grenzen. Doch zugleich erlebt der Geduldige beglückt die menschliche Größe, wie sie sich in der Entscheidungsfreiheit und Ausdauer erweist.

Es ist kein müßiges Unterfangen, betrachtet man das eigene Verhalten am Lebensbild eines Heiligen. Überprüfen wir einmal die Verhaltensformen von oben, von einem vollkommenen Leben her. Wir sind es ja leider gewohnt, unsere Verhaltensformen nur noch von unten her zu vergleichen. Als Ausgangspunkt unserer Vergleiche haben wir meistens nur noch die Ratten, die Kolkraben oder die Wildgänse. Kein Wort dagegen, wenn es sich um biologische Funktionen oder um Instinktreaktionen handelt! Aber das Leben eines Menschen muß mehr sein, muß weiterführen.

Messen wir uns doch an denen, die sich in dieser Welt wirklich groß verhalten haben und die dem Ruf zu einem glühenden Leben gefolgt sind! Vielleicht werden wir dann verstehen, was Walter Nigg beteuern konnte: „Die Heiligen sind oft die einzigen Sehenden unter den Blinden." Wir erblinden, wenn wir unser Verhalten immer nur soziologisch und psychologisch zu orientieren versuchen, anstatt nach der großen Spannweite zu fragen, die man nur sieht, wenn man von Gott her fragt.

Karl Rahner schreibt: „Es darf, es muß im Leben die Entscheidung im Sinne des Ein-für-Allemal geben, die ins Unvorhergesehene führt und die nicht nach rückwärts revidiert werden kann. Ohne den Glauben, ohne die Annahme der unbegreiflichen Torheit des Kreuzes, ohne Hoffnung, ohne blinden Abrahamsgehorsam und ohne

Gebet geht es nicht." Rahner hat diese Äußerung in bezug auf den Zölibat getan, aber sie gilt für jede ernste Entscheidung, die unser Leben bestimmt. Jedes Lebenswerk ist eine Summe von durchgetragenen Entscheidungen (zum Beispiel Ehe, Elternschaft, Beruf). Die *eine* große Entscheidung erfordert die standhafte Wiederholung.

Nur dann öffnet sich und vertieft sich unsere Beziehung zur Mitwelt, zur Umwelt, zu unserem Beruf und zu unserer Arbeit, wenn wir alles auf seinen eigentlichen und letzten Sinn hin bedenken. Wer schon zufrieden ist bei dem Gedanken, daß er Geld verdient, wird in seinem Beruf ebenso geistlos wie der andere, der sich in seinen vier Wänden einkapselt und über den Kleinigkeiten des Alltags nicht mehr die großen Ziele des Menschenlebens und der ganzen Menschheit erkennt. Brechen wir auf zu Höherem! Versuchen wir, die Erscheinungswelt zu durchschauen, und achten wir auf die Wirklichkeit, die hinter dem Sichtbaren gleichsam aufleuchtet.
Lassen wir uns doch nicht von der Überfülle des Oberflächlichen und flüchtig Vorbeirauschenden vereinnahmen! Gott selbst will uns der Geistlosigkeit entreißen. Er hat uns ja als geistige Wesen, als seine Ebenbilder erschaffen.

Der Mensch muß auch lieben, froh sein, weinen dürfen. Selbst das Tier empfindet; der Mensch will doch nicht ärmer sein als die unvernünftige Kreatur. Lassen wir den Gefühlen kein Recht mehr, dann verkommt der Mensch; er wird kalt und roh. Aber weil die Gefühle zur Person gehören, können wir sie gar nicht vertreiben. Das Gemüt sucht sich einen Ersatz, und diese Ersatzsuche erleben wir heute in besonderen Formen. Der verarmte Mensch stimuliert seine Empfindungen vielfach mit Mitteln, die eine Schein-Vitalität, eine Euphorie hervorrufen; er berauscht sich an Schnulzen und richtet seine Verehrungsbereitschaft auf Idole.

Gefühle sind uns verliehen und zur Entfaltung anvertraut. Wie jede Gabe auf Erden haben sie ihre zwei Seiten, eine lichte und eine dunkle. Dem Menschen ist es aufgegeben, seine flutenden Gefühle in Zucht zu nehmen. Haßgefühle wie Liebesgefühle können verheerende Folgen haben. Noch in der Liebe ist viel ungezügelter Trieb, Drang nach Selbstbestätigung, Besitzgier, Herrschsucht. Und der ungeläuterte Schmerz kann wehleidig, selbstgefällig, verbohrt sein.

Alle Gefühle bedürfen der Reifung, der Läuterung. Sie reifen nur, wenn sie in der Stille und Verborgenheit Tiefgang bekommen. Wir sagen nicht schon bei der ersten Aufwallung zu einem Anderen: Ich liebe dich. Und wie die Liebe, so braucht auch das Leid seine Zeit, damit es Tiefe gewinne. Es wäre unmenschlich, bei einem Verlust nicht zu trauern... Der Trauer verschwistert ist die Liebe, und so beklagen die Psychologen in unserer liebearmen Welt auch die Trauer-Armut. Man lebt über den Verlust hinweg, man zerstreut sich. Oder ein Schicksalsschlag macht bitter und verhärtet, weil ihm die lösende Trauer fehlt. Früher gab es ein Gebet um die Gabe der Tränen. Tränen lösen; sie verhelfen zur wahren Trauer, in der eine neue Liebeskraft keimt.

Wer sich nicht immer wieder systematisch einübt in verweilendes, gesammeltes, aufnahmewilliges Hören und Lesen, dessen geistige Organe verkümmern. In der Kommunikationsforschung stellte man bei einigen Experimenten fest, daß eine Menge Leute allein jenes Gehörte und Gelesene registrieren, das sie ohnehin schon wissen oder zu wissen meinen. Da ereignet sich nichts mehr in Geist und Gemüt. Hören und Lesen aber sollten Zugänge sein zur Welt, zu einem volleren Leben. Da sollten Eindrücke entstehen, sollten Zustimmung und Ablehnung erwachen, da sollte das Ich sich regen. Wer richtig hört und liest, der tritt heraus aus dem Gehäuse der eigenen Vorurteile und Vorstellungen. Mutig, vertrauensvoll läßt er sich durch Neues beschenken und auch erproben. Er nimmt sich das Gehörte oder Gelesene zu Herzen; es faßt Wurzel in ihm.

Wir bedürfen der Begegnung mit der Welt anderer, mit der gesättigten Erfahrung von Generation zu Generation, mit der lebendigen Erinnerung der Völker. Schließlich gilt für unsere geistige Existenz dasselbe, was auch vom leiblichen Wohl gilt: Nur was genährt wird, wächst. Der Einzelne und unsere Familien sollten ein Maß und ein Auswahlverfahren entwickeln bei dem Überangebot an Worten und Bildern, die wir doch nicht nur passiv konsumieren dürfen. Nur dann kann aus positiven Büchern, Funksendungen und Filmen das Gute in uns keimen, wenn wir Muße und Besinnung dafür aufbringen. Wer alles und jedes gesehen, durchgeblättert, gehört und erlebt haben will, der braucht sich über sein inneres Durcheinander nicht zu wundern.

Verschaffen wir uns Einsicht in die gesamte Wirklichkeit, verbinden wir die Einzelheiten in einer großen Überschau und stärken wir die Kräfte, die uns bei der Wirklichkeitsgestaltung helfen. Geben wir die sündhafte Denkfaulheit auf, die sich mit billigen Behauptungen zufriedengibt. Erwägen wir jedes Urteil und jede Entscheidung nach allen Seiten hin. Informieren wir uns;

holen wir uns Rat bei den Kundigen. Erweitern wir wieder und wieder unseren Horizont. Jedoch: in nur rationalem Denken und pausenlosem Tun erschließt sich uns die Weisheit nicht; wir bedürfen auch der Stille, der Einkehr und des Aufschwungs durch die schöpferische Phantasie.

Wer wächst, wer sich dem Vorgang des Reifens überläßt, erfährt nach und nach, worum es im Leben letztlich geht. Dieses Wachstum verläuft indes nicht nur in harmonischem Gleichmaß, es gibt womöglich Hagelwetter und Stürme, die manche Zweige zerfetzen und an den Wurzeln rütteln. Zuweilen will in dem Wachsenden, dem Schicksalerprobten alles aufschreien. Er begehrt auf, weil er sich sein Leben anders vorgestellt hat, leichter, bequemer, nach eigenem Gutdünken. Aber Verlust und Schmerz gehören mit zum Wachstum. Unser wahres Selbst gewinnen wir nur, wenn wir unseren Halt in der Wurzeltiefe suchen, im Urgrund allen Seins.

Der freie Mensch, der sein wahres Selbst gewonnen hat, wird auch der einfache Mensch. Unverdrossen nährt er seinen Reichtum und erträgt seine Armut und versucht in unbeirrter Einfalt sein Programm täglich neu zu verwirklichen. Nie wird er resignieren, auch wenn der Erfolg gering erscheint, und selbst eine Schuld lähmt ihn nicht. Vielmehr wird er in der Schuld noch den Sinn erkennen: daß alles Versagen das Herz des Entschlossenen nur noch brennender macht. Unentwegt glaubt er an seine eigentliche Jugend, die ja darin besteht, daß einer sich erneuern kann, Tag für Tag, bis zur letzten Stunde.

Sicher kann der Mensch nicht leben ohne Begegnung mit der Außenwelt und ohne handfeste Aufgaben im Leben, doch bleibt er nur dann ‚Mensch‘, wenn er immer wieder in die Ruhe, in die Innerlichkeit zurückkehrt und sich selbst begegnet.

Eine der bösesten Auswirkungen der Hast – oder der Angst, die aus der Hast hervorgeht – ist nach dem Verhaltensforscher Konrad Lorenz die ,,Unfähigkeit moderner Menschen, auch nur einen Augenblick allein zu sein``.

Daß es diese Angst gibt, verrät sich an den vielerlei Fluchtwegen, die Menschen einschlagen. Einer dieser Fluchtwege ist der Lärm, und zwar der selbstgewählte Radau. Andere wieder fliehen vor sich und vor den Härten des Lebens oder vor ihrer ausgehöhlten Existenz in eine illusionistische Welt, indem sie zur Droge greifen oder sich mit Alkohol betäuben.

Eines ist all diesen Fliehenden gemeinsam: Sie vermeiden mit ängstlicher Beflissenheit jede Selbstbesinnung und Einkehr. Sie kommen mit sich und mit dem Leben nicht zurecht. Was hier nottut, ist Hilfe. Den entscheidenden Schritt aber muß jeder, der sich auf dem Fluchtweg befindet, selber tun. Er muß umkehren und sich bewußt seinen Konflikten und Schwierigkeiten stellen.

Gelassenheit erlangt man nur in der Besinnung auf das Wesentliche.

Halte gelassen Distanz gegenüber dem, was auf dich zukommt! Es wirkt sich schlecht aus, wenn wir in wilder Aktivität reagieren. Nehmen wir zur Veranschaulichung ein bescheidenes Beispiel. Wir bekommen einen un-

23

freundlichen Brief mit einer Beschwerde oder einem Vorwurf. Sollen wir empört antworten und eine mühsame, verdrießliche Streiterei beginnen? Oder sollen wir nicht lieber die Sache überschlafen und aus dem Abstand eine ausgleichende Antwort geben? Die zu gewinnende Gelassenheit dürfen wir aber nicht mit Uninteressiertheit oder Empfindungslosigkeit verwechseln. „Worum es hier geht", so schreibt ein Theologe, „das ist die innere Freiheit gegenüber dem Sog der Realität."

„Die innere Freiheit gegenüber dem Sog der Realität" betrifft letztlich wieder eine religiöse Frage. Es kommt darauf an, ob einer meint, er müsse alles selbst vollbringen, aus eigener Kraft, oder ob er Vertrauen hat, daß Gott mit ihm am Werk ist.

Heute werden allerlei Praktiken empfohlen, die uns einüben sollen in die Tugend der Gelassenheit, und wir brauchen sie keineswegs zu verschmähen, im Gegenteil. Aber vergessen wir dabei nicht: Alle Gelassenheit bleibt eine Scheingelassenheit, sofern sie nicht auf einem tiefen Vertrauen in den Schöpfer und Erlöser gründet. Dieses Gottvertrauen ist uns angeboten als Geschenk, das jeder ergreifen kann. Gelassenheit gehört für den Christen zu den Früchten der Erlösung.

Man spricht heute soviel von Meditation als ‚Mittel‘ gegen die Unruhe der Zeit und gegen alle Zerstreuung, die uns vom göttlichen Urgrund unseres Seins wegtreibt. Meditation ist bewußte Einkehr bei sich selbst und Hinwendung zu Gott, wobei auch körperliche Übungen, wie Entspannung und ruhige Atmung, dem Stillewerden dienlich sein können. Denn Leib und Seele sind ja unlöslich verbunden; was dem Leib zur Ruhe verhilft, wirkt auch beruhigend auf die Seele.

Ein Mystiker aus dem Kreis des Meister Eckehart hat diese Innenwendung so beschrieben: Der Meditierende „soll das Herz und seine äußeren Sinne schließen vor allen äußeren Dingen und soll alle Gedanken in sich selbst einkehren lassen. Er soll schweigen und horchen, was Gott ihm sage".

Der Christ weiß, daß Gott ein Gott der Liebe und Geborgenheit ist. Er weiß es durch den Gottessohn, in dem des Schöpfers und Erlösers väterliche Liebe offenbar geworden ist. Jesus Christus war immer bei sich selbst und bei Gott; deshalb konnte er bei seiner angestrengten Tätigkeit im Dienst an den Mitmenschen sich auch nie in Betriebsamkeit verlieren. So sagt auch die Heilige Schrift in seinem Sinne: „In der Stille und im Vertrauen liegt eure Kraft."

Um Zeit für die Besinnung zu gewinnen, brauchen wir nicht der Welt zu entfliehen. Alles, was uns begegnet und was sich angestaut hat, läßt sich in unsere Besinnung einbeziehen, läßt sich in ihr entflechten und lösen. Der eine wird wieder er selbst beim Anhören eines guten Musikstücks. Die Töne lösen seine Verspannung; er erlebt Schönheit, Harmonie, Höhe und Tiefe und begreift wieder das Eigentliche und Wesentliche. Dem anderen geht der Sinn des Menschenlebens und das Beständige in allen Erscheinungen beim Lesen einer Dichtung oder durch ein religiöses Buch auf. Und ein dritter dringt vor zum Grund aller Dinge und des eigenen Herzens, während er sich von der Seele schreibt, was ihn bewegt. Und es gibt auch Menschen, die bei solchem zweckfreien Verweilen nur in die ziehenden Wolken schauen und so mitgezogen werden in die Höhe, die Ferne, die Unendlichkeit, die einen Vorgeschmack der Ewigkeit gewährt.

„Wir müssen es lernen, beim ruhigen Gott wieder ruhig zu werden, um vor ihm zu erkennen, worauf es ankommt", sagte ein Meister des inneren Lebens.

Nur dann hat das Ich die Chance, sich voll zu entfalten, wenn der Mensch sich als soziales Wesen versteht.
„Meint der Mensch", sagt Augustinus, „was er trinkt, solle ihm allein zugute kommen, dann dringt kein lebendiges Wasser aus seinem Schoße hervor. Eilt er aber seinem Nächsten zuhilfe, dann versiegt seine Quelle darum nicht, weil sie fließt." Nur dort ist der Mensch wahrhaft heil und gesund, wo er den Graben zu überspringen wagt, der ihn in seine Eigensucht einschließt. Wer allzulange nur um das eigene Ich kreist, wird sich eines Tages zum Ekel. „Es ist leichter, als man glaubt, sich zu hassen", heißt es bei Bernanos im ‚Tagebuch eines Landpfarrers'; „die Gnade besteht darin, daß man sich vergißt." Es ist tief in unserer Natur verankert, daß jeder nur durch den Mitmenschen zur Erfüllung gelangt.

Erst im Nehmen und Schenken von Liebe verwirklicht sich der Mensch, wie Gott ihn gewollt hat. Unsere Substanz verkümmert, wenn wir uns abkapseln oder die anderen – abgesehen von einigen Verwandten und Bekannten – ausschließen aus unserem Leben.

In dem Maße, in dem wir unser Dasein den anderen zuwenden, erfüllen wir dieses Leben, erfahren wir Existenzerfüllung, Glück.

Wer sich einläßt mit den Menschen, der wird zwar gefordert, aber er wächst auch daran zu seiner eigentlichen Größe.

Der Christ muß bereit sein, sein Leben an das menschliche Du zu verlieren. Denn wer in diesem Sinne sein Leben verliert, der wird es gewinnen. Allein so fällt ihm der wahre Reichtum zu, den nur die Liebe gewährt. Seine letzte Erfüllung schenkt ihm aber nur der, der ihn geschaffen hat und zu dem hin sein Herz unruhig bleibt.

Was ich dem
Anderen schulde

Was schulde ich dem Anderen? Diese Frage ist nicht theoretischer Art, sie wird gleichsam von der Wirklichkeit gestellt. Die angenommene Wirklichkeit hat ‚Rufcharakter‘. Machen wir uns das an Beispielen etwas anschaulich: Das hinfällige alte Ehepaar braucht Nachbarschaftshilfe; die verlassene junge Frau, die ein Kind erwartet, braucht ein Heim, Zuspruch, vielleicht Geld; der Erregte braucht meine Gelassenheit, der Trauernde Trost, der in die Irre Gehende eine Wegweisung. Tag für Tag ruft mich so mein ‚Nächster‘, und ich muß Antwort geben.

Die Liebe, die uns Gott schenkt, jedem von uns, sollen wir an unsere Mitmenschen weitergeben. Zur Menschenliebe bedarf es indes des Glaubens an den Anderen, bedarf es des Vertrauens, daß auch der Mitbruder, die Mitschwester, obwohl fehlerhaft, zu meinem Leben gehören. Ja, wir können sogar so sagen: Gerade weil der Andere fehlerhaft ist, braucht er meine Liebe, die ihn nachsichtig stützt, so wie ich umgekehrt seine nachsichtige Liebe brauche. Im Grunde können wir nur dort lieben, wo wir auch gebraucht werden. Das Ungenügen an der eigenen Halbheit, an der ergänzungsbedürftigen Mangelhaftigkeit treibt uns zueinander; das gilt vor allem für Mann und Frau, das gilt aber auch für jede menschliche Gemeinschaft.

Soziales und religiöses Leben stehen in geheimnisvoller Wechselbeziehung. Wer seinen Nächsten nicht mehr hört, hört auch Gott nicht mehr; und wer Gott nicht mehr hört, hört auch den Nächsten nicht mehr. Der Apostel Johannes schreibt: „Wer seinen Bruder nicht liebt, den er gesehen hat, kann Gott nicht lieben, den er nicht gesehen hat." Und mit unserem bedürftigen Mitmenschen hat sich Jesus Christus so in eins gesetzt, daß er sagen konnte: „Was ihr dem Geringsten meiner Brüder tut, das tut ihr mir." Gott stellt die Bedingung: Erweise an deiner Bruderliebe deine Liebe zu mir. Ein genießerisches Bei-Gott-sein-Wollen wäre Flucht aus der Verantwortung, die wir für die Gemeinschaft tragen.

Wer, verwundet oder angewidert, von den Menschen abrückt, wer keinen neuen Aufbruch mehr zum Anderen hin wagt, der verweigert Gott die rechte Liebe. Gott hat uns gleichsam verboten, daß wir mit unseren Enttäuschungen wehleidig zu ihm flüchten; er schickt uns zurück mit dem Geheiß: Erliebe die Welt und die Menschen!

Vergessen wir nicht, daß jeder Mensch ein Gedanke Gottes ist. Schulden wir dem Anderen, aus Gottes Schöpferliebe hervorgegangen, nicht Ehrfurcht und Liebe? Als Werdende und nie Fertige sind wir gemeinsam auf dem Weg, und wir erfüllen unseren Auftrag aneinander, wenn wir uns in Geduld im Guten fördern. Wir Christen glauben, daß wir dereinst vor Gott Rechenschaft ablegen müssen für jeden Menschen, der uns als Gatte, als Freund, als Nachbar, als Kollege, als Notleidender anvertraut war.

Ein Mensch, der das Gefühl haben muß, letztlich werde er von keinem angenommen und geliebt, braucht mehr als ein paar beruhigende Worte. Vom Gegenteil kann ihn nur der lebendige Beweis überzeugen. Darum ermahnen uns die Seelenärzte immer wieder, wir sollten doch nicht so distanziert nebeneinander her leben, sondern uns gegenseitig bekunden, daß wir uns gut sind. Ein wenig Mut gehört dazu, aber der Mut wächst mit dem Beginnen. Die dankbare Reaktion des Anderen erwärmt unser Herz und treibt uns an zu neuen lebendigen Beweisen unserer Zuneigung.

Nur wenn sich ein Mensch von seiner Umgebung bejaht weiß, wenn er getragen wird vom Wohlwollen seiner Nächsten, kann er zuversichtlich weiterschreiten, Hindernisse nehmen, sich nach einem Versagen wieder aufraffen. Denken wir da vor allem an die Menschen, mit denen wir nahe zusammenleben. Sie bedürfen unserer Ermutigung.

Mit der Rechtschaffenheit und Zuverlässigkeit ist es im Verhältnis nah verbundener Menschen nicht getan. Liebe siecht in der Kargheit, sie braucht schönes, blühendes Leben. Zum schönen, blühenden Leben gehört die zarte Aufmerksamkeit im Umgang und das herzliche Wort.

Einem Schweizer Bauern starb die Frau, Mutter noch kleiner Kinder, binnen weniger Tage. Der Mann war so zerschlagen, daß er sein Vieh unversorgt ließ und die Nachbarn es brüllen hörten. Der Pfarrer – Ludwig Köhler, der diese Geschichte niedergeschrieben hat – ging zu dem Witwer und versuchte, ihm beizustehen. Der Bauer blieb lange stumm, bis der Schmerz plötzlich aus ihm herausbrach: Es quäle ihn so sehr, daß er seiner Frau nicht mehr habe sagen können, wie lieb sie ihm sei und was für eine gute, tüchtige Lebensgefährtin sie ihm gewesen.
Wir machen uns schuldig, wenn wir es an Zeichen der Zuneigung und auch an Worten der Liebe bei den Unseren fehlen lassen. Das liebevolle Wort stiftet Liebe.

Ein Wort von Augustinus: „Ohne Liebe sind wir uns selbst zur Last, durch die Liebe tragen wir einander."

Bei einem jungen Paar machte ich Besuch, weil ich gemerkt hatte, daß die Ehe in Gefahr war. Spitze Bemerkungen gingen im Lauf des Abends in Attacken über. Jedes hatte sich über den Partner zu beschweren, über seine Unaufmerksamkeit, sein rücksichtsloses, rechthaberisches Gebaren, über sein Mißtrauen und vieles mehr.

Was den Konflikt schließlich beruhigte, war jene Einsicht, zu der jedermann kommen müßte, der ein gestörtes Verhältnis nicht noch mehr gefährden möchte. Ich meine die Einsicht, daß es keinen Sinn hat, wenn Menschen sich gegenseitig ihre Fehler vorrechnen. So befreiend und klärend es manchmal sein mag, Angestautes auszusprechen – wer damit nicht aufhört, wer immer wieder anfängt, der beschwört mit der Zeit einen schlimmen, vielleicht ausweglosen Zustand herauf. Das gegenseitige Aufrechnen von Schuld führt zwangsläufig zur Verhärtung.

Im Gespräch mit dem jungen Paar ergab sich dann aber auch noch eine tiefere Erkenntnis: daß jeder mitschuldig ist, wenn es in einer Gemeinschaft zu Reibereien und Entfremdung kommt. Wem dumme Selbstgerechtigkeit nicht jegliches Einfühlungsvermögen geraubt hat, der weiß das und wird seine Folgerungen daraus ziehen.

Im Konfliktfall sollte ich mich zuerst fragen, ob es nicht doch an mir liegt, daß das Einvernehmen gestört ist; ob ich mich also entschuldigen muß, anstatt den Anderen zu beschuldigen. Da aber meist beide Teile den Unfrieden mit verursacht haben, ist auch eine Portion Duldsamkeit aufzubringen. Ich muß meinen Mitmenschen ertragen, so wie ich erwarte, daß er mich erträgt. Die Bereitschaft zur Versöhnung darf nie erlahmen.

Ungeschminkt heißt es in der Bibel: „Wollten wir sagen, wir hätten keine Sünde, so würden wir uns selbst betrügen und die Wahrheit wäre nicht in uns." Wir alle leben letztlich von der Vergebung: von der unserer Mitmenschen und von der vergebenden Liebe unseres Gottes.

Selbst wenn viele nicht auf *uns* hören, sollten wir doch damit anfangen, daß wir auf *die anderen* hören! Dann gründen wir von uns aus jene Liebesgemeinschaft, in der die Ich-Gefangenen aus sich herausgehen und auf uns zugehen können.

An Gelegenheiten zum Hinhören fehlt es keinem von uns. Tun die Ehegefährten täglich Ohr und Herz in neuer Bereitschaft füreinander auf? Achten die Väter und Mütter auf das, was ihnen ihre Kinder erzählen? Hören wir im Beruf auf unsere Mitarbeiter? Als Politiker auf unsere Mitstreiter und Gegner? Als Seelsorger auf die Fragen und Ratschläge der Gläubigen? Vergessen wir die Alten nicht, die sich aussprechen wollen? Zuhören kann zuweilen das wichtigste Werk der Barmherzigkeit sein. Und horchen wir auf den Andersdenkenden? Überprüfen wir an seinem Standpunkt den unseren?
Ein gemeinschaftliches Handeln gibt es lediglich dort, wo einer auf den anderen hört. Siehe die Erzählung vom Turmbau zu Babel: Das Werk der vielen Hände zerfiel, als keiner mehr das Wort des Bruders verstand.

Nehmen wir uns wieder Zeit für Briefe, gerade heute in der Hetze, da die menschliche Verbundenheit so tief bedroht ist. Lassen wir es doch nicht bloß auf die ‚Lust' ankommen. Soll etwa die Mutter im Altersheim warten müssen, bis ihr Sohn in drei Wochen oder in drei Monaten schreiben ‚mag'?

Briefe stiften Gemeinschaft. Werte müssen gepflegt werden, ohne Rücksicht auf unsere Lust oder Unlust.
Durchgetragene Liebe macht uns auch beim Briefe-
schreiben immer unabhängiger von unserer Stimmungs-
lage.

Laut dem Evangelium nach Mattäus spricht der Herr
beim Jüngsten Gericht zu den Gerechtfertigten: Ihr habt
mir zu essen und zu trinken gegeben; ihr habt mich be-
herbergt und bekleidet; ihr besuchtet mich in meiner
Krankheit, und ihr seid zu mir ins Gefängnis gekommen.
Diese Aussagen wage ich fortzuführen mit dem Satz: Ihr
habt mir geschrieben, als ich eines guten Wortes be-
durfte; was ihr nämlich einem meiner Brüder Liebevolles
geschrieben habt, das habt ihr mir geschrieben.

„Die Menschen schulden uns, was wir von ihnen erwarten; unsere Aufgabe ist es, ihnen diese Schuld nachzulas-
sen" (Simone Weil). Eine Regel der Klugheit im Umgang
mit dem Anderen? Ja; zugleich aber reicht das Wort
ins Innerste menschlicher Beziehungen.

Hinter unseren Erwartungen verbirgt sich oft ein drän-
gender Anspruch an den Anderen. Dieser aber kann
meine anspruchsvollen Erwartungen nicht erfüllen, weil
er ebenso schwach und umgetrieben ist wie ich; er ist auf
dem Wege und bemüht sich erst, zu sich selber zu finden
gegen eigene und fremde Widerstände.

Erwartungen sind gewiß etwas Schönes im Menschen;
was wären wir ohne Erwartung und Sehnsucht – ohne
Sehnsucht nach Verständnis, nach Liebe, nach Vollkommenheit? Doch in langer Ent-täuschung, in schmerzli-
cher Absage an die Täuschung, muß der Mensch es lernen, seine Sehnsüchte nicht wie ein Anrecht auf die
Mitmenschen zu richten. Das kleine Kind hat noch einen
Anspruch auf die zärtliche Liebe seiner Eltern und aller
Menschen, die ihm begegnen; der Erwachsene hat diesen

36

Anspruch nicht mehr. Natürlich dürfen wir etwas voneinander erwarten, aber wir dürfen unsere ‚Außenstände der Sehnsucht' nicht eintreiben; was dem Kinde zukommt, ist beim Erwachsenen kindisch, selbstsüchtig.

Die Menschen sind nicht dazu erschaffen, daß sie meine Erwartungen wie einen Wechsel einlösen; sie sollen den Willen Gottes tun und nicht den meinen. Also ist die wahre Liebe jene, die den Anderen freigibt, damit er seinen eigenen Auftrag vollbringe. Gott spricht bei der Erschaffung jedes Menschen: Ich will, daß du bist. Lernen wir es, dieses Schöpferwort aus erleuchteter Liebe nachzusprechen: Mein Lebensgefährte, mein Kind, mein Freund, mein Nachbar, mein Mitarbeiter – ich will, daß du bist.

Je mehr Freiheit wir einander gewähren, umso menschenwürdiger ist unser Handeln.

Der Achtung vor der Person werden wir erst gerecht, wenn wir uns als Dankende begegnen.
Dank ist das edle Eingeständnis unserer Grenzen. Wir alle sind aufeinander angewiesen, und dies äußert sich menschenwürdig im Geben und Nehmen, im Bitten und Danken.

Eine Gewissensfrage:
Haben wir nicht immer Zeit, wenn wir von einem Anderen etwas wollen – also Zeit, einen Bittbrief zu schreiben, einen Bittbesuch zu machen oder um einer Bitte willen zu telefonieren? Finden wir aber ebenso selbstverständlich Zeit, für einen erwiesenen Dienst auch den gebüh-

renden Dank auszusprechen, in herzlichen Worten oder vielleicht in einem Zeichen, einer kleinen Gabe?

Danken durch ein Zeichen erfordert freilich sorgsames Nachdenken, erfinderisches Zartgefühl. Es darf beim Danken nicht der Eindruck entstehen: „Auge um Auge, Zahn um Zahn", nämlich Dienst gegen Dienst, Gabe gegen Gabe. Wir müssen uns auch beschenken lassen können, ohne daß wir auf einen Ausgleich sinnen. Hinter dem Bedürfnis nach ‚Wiedergutmachung' steht oft der schnöde Undank: Ich will nichts geschenkt! Der wahrhaft Dankbare kann auch annehmen. Jedoch der Dank in *Worten* ist für die noble Gesinnung unerläßlich.

Wo immer uns Vertrauen begegnet, müssen wir es schützen, selbst wenn wir dieses Vertrauen gar nicht gewünscht haben. Nichts weitererzählen, sich nicht vor anderen mit seiner ‚Eingeweihtheit' brüsten! Vertrauen verlangt unbedingte Verschwiegenheit. Ja, wir müssen den Vertrauenden sogar vor uns selber schützen: Verwehren wir uns die Neugierde, die versucht sein mag, in die persönliche Sphäre des Anderen weiter einzudringen.

Neugierde ist das Kennzeichen einer armen Innenwelt. Wer in sich selber reich ist, wünscht keinen Zuwachs durch Klatsch und Sensation.

Diskretion gehört zur Achtung der Person, und sie gehört auch zur Selbstachtung. Denken wir daran, wie sehr auch uns ein mißbrauchtes Vertrauen schmerzen würde und wie peinlich wir Neugierde empfinden, wenn sie unsere eigenen Angelegenheiten betrifft. Diskrete Menschen sind ein wahrer Segen. Sie schenken Geborgenheit.

Ein Mensch, den wir an sich für schätzenswert halten, ‚liegt uns nicht‘, aber wir können ihm nicht ausweichen, weil er unser Mitarbeiter oder unser Schüler oder unser Patient ist. Was tun? Ihm eine besondere Freundlichkeit erweisen. „Menschen, denen wir etwas zuliebe tun, werden uns lieber“, pflegte eine Oberin ihren Schwestern zu versichern.

Eine Nachbarin schickte einer kranken Hausfrau eine Spruchkarte über den erhabenen Sinn des Lebens. Davon berichtete mir die Kranke, als ich sie besuchte. „Meinen Sie nicht auch“, fragte sie mich, „daß mir viel mehr geholfen wäre, wenn mir meine Nachbarin die dringendsten Einkäufe besorgte oder mir einige Tage lang das stehengebliebene Geschirr spülte?“
Nächstenliebe darf nicht nur ein schöner Begriff sein. Sie verlangt den persönlichen Einsatz, den Dienst am Anderen, die hilfreiche Tat.

Christus selbst ist das Urbild des Dienens. Um dieser Gesinnungsgemeinschaft mit dem Gottmenschen willen darf keiner das Dienen schmähen. Worte wie Demut, Selbstlosigkeit, Dienstbereitschaft, Gehorsam umschreiben im Neuen Testament die *eine* Liebesgesinnung. Nur reife, überlegene Menschen sind zu solcher Hingabe fähig, Menschen, die zu den tiefsten Wahrheiten des Daseins vorgestoßen sind.

Unbefangen sein, keine vorgefaßten Urteile an einen Menschen herantragen und auch den Humor, Zeichen der Reife und Überlegenheit, nicht vergessen!

Jeder hat irgendwo seine Grenzen, und wer sich nicht als begrenzt erkennt, dem fehlt es eben an Reife. Wir erwarten von anderen, daß sie sich mit unseren Grenzen abfinden, ja sie höflich respektieren – müssen wir es als Vorgesetzte dann mit unseren Mitarbeitern nicht genauso halten? Sehen wir sie doch nicht von ihrer Grenze her; sehen wir doch das, was innerhalb ihrer Begrenzung an Vorzügen, an Reichtum liegt!

Jungen Menschen sollten wir viel Zeit lassen für den Werdeprozeß. Junge Leute sind noch keine fertigen Menschen; sie fangen eben erst an. Und sie fangen nicht nur im Betrieb erst an, sie fangen auch im Leben erst an und versuchen zuweilen, ihren Freiheitsraum noch auszudehnen. Hier muß man den Mut haben, ihr Werden ohne Eingriffe, wenn auch mit aller Aufmerksamkeit zu verfolgen. Außerdem aber sollte man den Mut zum Kompromiß aufbringen.

So wie wir bei Geräten oft eine Toleranzquote einplanen, so müssen wir auch im Umgang mit Menschen eine Toleranzquote voraussetzen. Eine bestimmte Toleranzquote steht jedem von uns in der Gemeinschaft zu. Ohne Toleranz gibt es keine Humanität.

Die Bejahung des Mitmenschen ist gar nicht so selbstverständlich, weil der Trend unserer Tage die Menschenfreundlichkeit keineswegs fördert. Die Zeit, in der wir leben, ist von einem nach außen gekehrten Funktionalismus gekennzeichnet; der Zweck wird vor den Sinn gestellt.

Nur wenn wir zum Anderen Ja sagen, werden wir ihm auch gerecht. Zu dieser Gerechtigkeit gehört, daß wir ermessen, in welcher Verfassung sich ein Mitmensch befindet. Habe ich etwa einen Mitarbeiter, der in seiner Leistungskraft schwankt, dann muß ich an meine eigenen Höhen und Tiefen denken, damit ich mich in ihn einfühlen kann.

Man sollte sich die Menschen, mit denen man zu tun hat, gesammelt vor Augen halten und ihrem Wesen nachsinnen, fern vom störenden Alltag. Denn das Einfühlungsvermögen wächst, wenn man den Umgang mit anderen geistig vor-vollzieht: Ich lasse den Anderen in seiner Natur, in seiner Wesenheit an mich herankommen und gehe selbst geistig auf den Anderen zu.

Das gilt natürlich nicht nur für die Mitarbeiter im Betrieb, das gilt zum Beispiel auch für den Arzt, der seine Patienten ‚meditieren‘ sollte, oder für den Lehrer, der seine Schüler verstehen muß, will er sie in ihrer ganzen Wesenheit fördern.

Denken wir doch über den Menschen nach, dem wir begegnen! Nehmen wir ihn in unsere Besinnung herein. Wenn ich richtig meditiere, sehe ich ihn nicht unter dem Zweckaspekt, sondern ich erkenne: Hier ist mir ein Mensch in den Weg geschickt worden, für den ich dasein, um den ich mich kümmern, für den ich beten, den ich lieben darf oder muß. Und er ist ein Mensch, von dem ich etwas empfange, der mein Dasein, meinen Horizont, mein Empfinden bereichert.

Barmherzig wird, wer selbst nach Barmherzigkeit ruft. Nach Barmherzigkeit aber ruft nur, wer sich durch viele Gewissensnöte hindurch seiner Verfehlungen bewußt geworden ist.

Seien wir geduldig mit den Anderen! Da Gott so geduldig mit uns ist, schulden wir auch unseren Mitmenschen Geduld.

Mein Mitbruder kann sich nur entfalten, wenn ich ihm vertraue. Ein alter Kirchenvater schrieb: „Je größer das Maß des Vertrauens ist, mit dem du auf die Quelle zugehst, desto mehr wirst du schöpfen." Je größer ein Maß ist, je mehr kann ich aufnehmen. Das Maß des Vertrauens muß groß sein.

Viele meinen, man müsse sich vor raschem Vertrauen hüten, es sei zu gewagt; grundsätzlich sei ein ‚gesundes Mißtrauen' immer noch besser. Aber: wohin kämen wir denn, wenn wir nur denjenigen Vertrauen gewährten, die ihre Vertrauenswürdigkeit schon bewiesen haben? Nehmen wir an, wir träten eine neue Stelle an. Was wäre mir lieber: wenn mein neuer Chef und meine neuen Mitarbeiter mir mit Vertrauen entgegenkämen oder wenn sie mich zunächst einmal alle mit Vorbehalt beobachteten oder gar mißtrauisch belauerten? Als Neulinge wären wir dann isoliert, ja sogleich bedrückt und entmutigt.
Zum Vertrauen braucht man Mut. Vertrauen muß man *schenken,* wie die deutsche Sprache sagt. Vertrauen muß man als *Vorleistung* erbringen. Ohne die Vorleistung gegenseitigen Vertrauens können mitmenschliche Begegnungen nicht gelingen. Hätten wir mehr Vertrauen zueinander: die Eltern zu ihren Kindern, die Jungen zu den Alten, die Vorgesetzten zu den Untergebenen, die Kollegen und Mitarbeiter zueinander, es würde vieles ganz anders aussehen bei uns. Es gäbe weniger Angst und Traurigkeit, weniger Elend und Verzweiflung.

Wer Vertrauen in diese Welt hineinträgt, der hilft mit, daß die Menschen wieder in der Liebe zu Hause sein, in ihr wohnen dürfen.

Jedes gute Vertrauen, das wir anderen schenken, ist ein Abbild des großen Vertrauens, das Gott selber uns entgegenbringt. Es ist ein Teil jener Liebe, die – nach dem Wort des Apostels Paulus – „alles mit Milde umhüllt, alles glaubt und hofft und duldet".

Weil die Erneuerung des Vertrauens keine leichte Sache ist, müssen wir immer wieder von uns selber ausgehen. Wir alle erwarten, daß unsere Vorgesetzten uns Vertrauen entgegenbringen, obwohl wir doch vielerlei Dinge im Leben und im Beruf vermasselt haben. Entsinnen wir uns wieder dessen, daß wir Wesen der Grenze sind und daß wir nicht alles vollbringen können, was wir von uns selber erhoffen und was andere von uns erwarten. Wir selbst brauchen durch ein erneuertes Vertrauen immer wieder eine Chance, und die gleiche Chance müssen wir anderen zugestehen.

„Du bist zeitlebens für das verantwortlich, was du dir vertraut gemacht hast" (A. de Saint-Exupéry).

Das Verhältnis zu einem Menschen, der mir nahegekommen ist, gewinnt erst Tiefe, wenn ich es in Treue durchtrage. Zugleich erfülle ich als Christ in der Treue einen Verkündigungsauftrag. Menschliche Treue ist ein Abbild der ewigen, der göttlichen Treue. Wer durch Menschen Treue erfährt, kann leichter – oder vielleicht überhaupt erst – an das Ewige glauben.

Wie recht hat doch der Spruch: Lieben lernt man nur durch lieben!

Anläßlich der Olympischen Spiele in München, wenige Tage vor dem Attentat, fand für die jungen Gäste, die zu einem friedlichen Fest gekommen waren, eine Gedenkstunde in Dachau statt. Ein polnischer Bischof, Adam Kozlowieckie, der selbst fünf Jahre lang das Dachauer Lager erlitten hatte, hielt die Ansprache. Er rief den jungen Leuten zu: „Sehen Sie die Welt rund umher, schließen Sie die Augen nicht und, was das Wichtigste ist, verschließen Sie Ihre Herzen nicht; öffnen Sie sie weit! Es gibt Leiden in der Welt, viel Leiden, zu viel Leiden. Das ist ein Anruf an Sie. Sagen Sie nicht, daß das nicht Ihre Sache sei! Es ist Ihre Sache, weil die Leidenden Ihre Brüder sind."

Die Welt läßt sich verändern

Jeder, der die Welt besser haben möchte, muß auch etwas für ihre Veränderung tun.

In der Heiligen Schrift wird immer wieder von der Liebe als dem Kern der christlichen Gesinnung gesprochen. Doch ist damit noch nicht alles gesagt, was Gott von uns fordert. Die Gesinnung allein tut es nicht; auch die frömmste und liebevollste Gesinnung reicht keinesfalls aus, sowenig wie ein klingendes Wort über die Gerechtigkeit. Gott will, daß unsere guten Gedanken in Erscheinung treten, daß sie sichtbar und greifbar werden in der Welt. „Nicht in Worten und mit der Zunge wollen wir lieben, sondern in der Tat und in der Wahrheit", schreibt der Apostel Johannes. Mit Wahrheit aber ist nichts anderes gemeint als unsere Wirklichkeit. Gott will die Tatliebe, die praktische, die handfeste, die zupackende, die verleiblichte Liebe. Allein diese Liebe ist glaubhaft.

Es sind drei Grundwahrheiten, auf denen das christliche Weltverständnis beruht, und wir wollen sie uns als uralt und doch immer wieder neu eindringlich ins Bewußtsein rufen:
Wir sind ein Teil der Schöpfung und haben einen Auftrag an der Schöpfung. Zwar ist die Schöpfung gefallen; sie ist nicht mehr so, wie sie gedacht war. Wenn wir aber von der Welt reden, dann meinen wir zuerst die aus der Liebe Gottes hervorgegangene Schöpfung, sagt uns Thomas von Aquin. Die kreatürlichen Dinge haben Eigenwert, Würde und Schönheit. Zugleich aber gehören diese Dinge letztlich nicht sich selbst; ihnen ist das Siegel der Herrschaft Gottes aufgeprägt. Wo immer jedoch der Mensch mit dieser Welt umgeht, wo er arbeitet und gestaltet, da ist er am Werk Gottes beteiligt.

Im menschgewordenen, gekreuzigten und verherrlichten Christus ist nicht nur die einzelne Seele erlöst, denn mit ihm, dem zweiten Adam, hat auch eine neue Ordnung der Welt begonnen. Christus nahm unsere Natur an, damit alles Fleisch das Heil schaue. Er kam, um den gesamten Kosmos, alles im Himmel und auf Erden, unter seinem Haupt zusammenzufassen, wie der Epheserbrief bezeugt.

Was in und durch Christus begann, das wird auch durch ihn zur Vollendung gebracht. Noch leben wir unter der Sünde, in der Spannung von Gnade und Widerstand. Es wird aber der Tag kommen, da der Herr als Richter und Vollender wiederkehrt.

Hinwendung zur Welt und Distanzierung von der Welt – nicht das eine oder andere, sondern beides zusammen ist christlich. Die Christenheit soll *in der Welt* wachsen und fruchtbar sein; niemals aber darf sie ihr eigentümliches Wesen verraten, das *nicht von dieser Welt* ist, sondern von Gott. Der Christ muß aushalten in der bleibenden Spannung von Weltbejahung und Distanzierung gegenüber dieser Welt.

Unsere Welt ist eine Werdewelt, das heißt, sie ist nicht perfekt. Doch sie wird nicht anders, wenn wir ihre Zustände nur beklagen und uns schmollend oder einfach selbstsüchtig in einen windstillen Winkel flüchten und das hier vielleicht gefundene ‚kleine Glück‘ für weise Bescheidung halten. In der Tat, solche ‚Nesthocker‘ halten sich manchmal für weise, oder sie denken insgeheim, mit ihren idealen Ansprüchen an das Dasein seien sie eigentlich zu gut für diese Welt. Flucht, selbst wenn sie in eine Art Religiosität führen sollte – in eine müde, resignierende –, ist keine Lösung. An uns liegt es, daß wir uns den anstehenden Problemen stellen. Wo Spannungen die Gemeinschaft gefährden, wo die Menschenwürde, die

Freiheit oder Gerechtigkeit bedroht sind, da dürfen wir uns nicht verkriechen ins traute Nest und behagliche Glück.

Wir haben das Christsein zunächst einmal anvertraut bekommen, und es hängt davon ab, ob wir mit diesem Pfund wuchern, ob wir uns dem öffnen, was Johannes XXIII. den ‚Wirklichkeitsdrall‘ genannt hat. Die Wirklichkeit kommt auf uns zu als Problem, als Aufgabe, und diese Wirklichkeit ist unserer Verantwortung übergeben.

Wenn Jesus sich eingelassen hat mit der Welt, wenn er eingestiegen ist in die Geschichte, dann heißt das doch, daß wir nicht an der Welt vorbeispazieren dürfen mit unserem Heilsverlangen nach dem Himmel. Dann ist uns aufgegeben, daß wir ohne jeden Anflug von falscher ‚Vergeistigung‘ oder von Leibfeindlichkeit diese Welt zu gestalten versuchen. Sie ist ein Angebot an uns, sie ist eine Chance für unsere Lebensverwirklichung. Wir sollen tätig, schöpferisch in ihr leben zur Ehre Gottes und zum Heil nicht bloß von uns selbst, sondern der ganzen Welt.

Wir stehen in dieser Welt, und wir haben uns in dieser Welt zu bewähren. Die Welt stellt für uns mehr dar als ein Vorzimmer zur Ewigkeit, ein Warteraum für Zukünftiges. In der Erleuchtung und in der Kraft des Heiligen Geistes sollen wir die Fragen unserer Zeit wahrnehmen und entsprechende Antworten darauf zu geben versuchen.

Geschichte ereignet sich nicht von selbst, nicht automatisch; sie ist gestaltete Zeit, gestaltet von Gott her und vom Menschen her. Als verantwortliches Glied des Volkes Gottes und als Partner des Schöpfers ist der Mensch zum Dienst an der Welt berufen. Wir selbst haben mit herbeizuführen, was sich heute und morgen begibt. Die Menschen, so sagte Pascal, seien geneigt, die Flucht nach rückwärts zu ergreifen; sie irren in vergangenen Zeiten umher, so daß sie der Zeit, die ihnen gehört, gar nicht voll innewerden und sich ihr nicht erschließen. Sind wir nicht weithin zu Zuschauern der Geschichte geworden? Ist es nicht so wie an einem großen Fußballplatz, wo Tausende sich um wenige Aktive scharen und wo auch noch ein Schild das Betreten des Fußballplatzes untersagt?

Das Spielfeld der Geschichte steht uns allen offen. Wir sind gesandt, die schöpferischen Möglichkeiten dieses Daseins wahrzunehmen. Es nutzt wenig, wenn wir nur einmal da etwas tun und einmal dort etwas kritisieren, selber nur Informationen sammeln und im übrigen in unserer Reserve verharren. Wir brauchen ein vitales Interesse am Werdeprozeß der Welt, nicht ein distanziertes Interesse. Teilhard de Chardin hat immer wieder betont, nur dann ereigne sich die wirkliche, die gottgewollte Evolution, wenn der Mensch zutiefst begreife, daß er Zeit zur *gefüllten* Zeit machen kann, und nach dieser Erkenntnis mit aller Entschlossenheit handle. Wer aber müde und schlaff beiseite steht, erfüllt die Zeit nicht; er vergeudet, er verrät sie.

Besinnung am Morgen: Wieder gibt uns Gott eine Chance, wieder macht er uns ein Angebot, indem er uns eine neue Zeit anvertraut.

Hélder Câmara hat die Aufgabe des Priesters so beschrieben: „Wir sind keineswegs nur Hirten, um für die
Seelen zu sorgen; wir sind es für den ganzen Menschen.
Diejenigen, die unsere Tätigkeit in die Sakristei und auf
die Sorge für die Ewigkeit zurückdrängen wollen, verstehen überhaupt nichts von unserer Aufgabe. Die Ewigkeit
beginnt jetzt und hier."

Was nützt uns all das Gerede von Freiheit und Kultur,
wenn wir diese Werte nicht ständig bei uns üben?
Nur durch eine immense Geduld, die sich der Beharrlichkeit und Treue verbindet, läßt sich Erkenntnis in
Haltung und Tat umsetzen. Rückschläge bleiben nicht
aus, Widerstände türmen sich auf. Oft steht der Erken-
nende, der nach seiner Überzeugung handeln will, einer
verständnislosen Mehrheit gegenüber. Nur wer sich in
seinem Denken und Tun als beauftragter Partner Gottes
versteht, kann unbeirrt seinen als richtig erkannten Weg
verfolgen. Der unermüdlichen Geduld widersteht auf die
Dauer selbst der Träge und Verblendete nicht. Das gilt
im Kleinen wie im Großen, angefangen bei der Familie,
beim Kollegenkreis bis hin zur Politik. Es gibt nicht nur
die Ansteckung durch das Niedrige, Selbstsüchtige, es
gibt ebenso die ansteckende Kraft des Guten. Sonst gäbe
es keine Erneuerung der Familien, keine Erneuerung der
kirchlichen Gemeinschaft, keine Magna Charta der
Menschenrechte, keine Entwicklungshilfe. Immer waren
es zunächst Einzelne, die aufbrachen zur guten Tat und
dann andere für ihr Vorhaben gewannen.

An einem Neujahrsmorgen ging ein Bekannter von mir,
Bürgermeister einer Landgemeinde, in schwermütige
Gedanken versunken spazieren. Er fragte sich, was wohl
das neue Jahr bringe und ob nicht alle Anstrengungen,
die Welt zum Guten zu verändern, vergeblich seien. Er

bestieg einen kleinen Aussichtshügel, auf dem ein Mann in mittleren Jahren soeben einer Schar junger Leute die Bergketten erklärte. Der Hügel war übersät mit altem Unrat, dazu mit Raketenhülsen aus der vergangenen Nacht. Mechanisch begann sich der Bürgermeister zu bücken, bestärkt in seinen düsteren Überlegungen. Plötzlich löste sich die Gruppe auf, emsige Helfer verstreuten sich über den Hügel, und binnen kurzem war das Gelände gereinigt bis zum letzten Papierschnitzel. Der Anführer der Gruppe verbeugte sich sodann vor unserem Pessimisten und sagte mit einem Lächeln: „Wir danken Ihnen für Ihr gutes Beispiel!" Da sei er – so berichtete mir der Bürgermeister – mit neuem Mut ins Tal hinabgestiegen.

Wollen wir am Kleinlichen hängenbleiben? Wollen wir als Christen Spießer sein, die zufrieden sind, wenn sie ihre Pfeife schmauchen und eine Flasche Bier auf dem Tisch stehen haben? Wahrhaftig, so stellt sich Gott seine Partner auf Erden, seine Freunde in der Welt nicht vor. Wie fern waren doch ein Paulus, ein Bernhard von Clairvaux, ein Franziskus, eine Theresia von Lisieux oder ein Charles de Foucauld von aller Kleinlichkeit und von aller Spießerei!
Christus erwartet, daß wir Zeugnis geben. Mit Zeugnisgeben ist aber nicht gemeint, daß wir eben ein bestimmtes Lehrsystem bewahren oder in der pluralistischen Gesellschaft eine Weltanschauung zur Debatte stellen. Nein, was Christus von uns will, das ist das ehrliche Zeugnis eines Lebens, dessen innerste Formkraft der lebendige Glaube bildet. Dabei passiert vielleicht gar nichts Auffallendes. Bei manchem mag es hinreichen, daß er mitten im Leben steht und doch die Kraft aufbringt, sich aus den falschen Lebensauffassungen einer praktisch gottlos gewordenen Umwelt herauszuhalten. Schon diese Stand-

haftigkeit kann zum überwältigenden Zeugnis werden, an dem andere wieder den Sinngehalt des Daseins erkennen.

Darin besteht die Herrscherlichkeit des Menschen, daß er die Schöpfung weiterentwickelt. Wenn wir Verantwortung nur anderen zuschieben, verleugnen wir unseren urmenschlichen Auftrag, uns die Erde untertan zu machen und die ihr innewohnenden Kräfte zu entfalten. Der Christ bekennt, daß der Sohn Gottes in diese Welt und ihre Geschichte selbst eingetreten ist. Jesus Christus hat sich also eingelassen mit der unvollkommenen, alltäglichen Wirklichkeit. Keiner, der Christi Namen trägt, darf deshalb der Konsequenz ausweichen, daß auch er sich einlasse in die vielfältigen Aufgaben, die nun einmal so und nicht anders sind. Wer abseitssteht beim Spiel des öffentlichen Lebens, wer seinen Mund nicht mehr auftut, wer keine Hand mehr anlegt, der ist mitschuldig, wenn die Dinge falsch laufen.

Manchmal sind es ganz schlichte Mitteilungen über eine Notlage, die einen Menschen fordernd treffen können. So habe ich eine junge Frau kennengelernt, die bei jeder erdenklichen Gelegenheit mit einer wahren Leidenschaft für Kinderdörfer sammelt. Eine Fernsehsendung hatte sie auf die Kinderdorf-Idee hingewiesen, und sie versicherte mir ohne jede ethische Überhöhung: „Diese Aktion will ich unterstützen. Jetzt weiß ich, wofür ich da bin." In einer völlig freien, geradezu heiteren Weise ist der Entschluß zur Mithilfe in ihr erwacht.

Entgegen allen anderslautenden Parolen steht die Erschließung einer neuen Welt nicht im Widerspruch zum christlichen Glauben. Der wissenschaftlich-technische

Prozeß ist vielmehr durch unseren Glauben an den Schöpfergott mitbedingt. Allerdings müssen wir das Wachstum dort beschränken, wo es zum Mißbrauch der Schöpfung führt.

Verfügen wir eigentlich über die uns zugewachsene technische Macht, oder verfügt sie über uns? Dürfen wir alles tun, wozu wir imstande sind? Oder könnte es nicht geschehen, daß wir durch die perfektesten Errungenschaften schuldhaft unser eigenes Unheil erzeugen?

Was heißt modern sein? Doch nichts anderes, als daß wir eine Wirklichkeit nicht nur äußerlich miterleben, sondern auch von innen her mitgestalten – lebendigen Geistes und wachen Gewissens mitgestalten, ausgerichtet auf ein großes Ziel.

Menschengefährdende oder menschenunwürdige Verhältnisse in Technik oder Produktion werden nicht dadurch zum Guten gewendet, daß man Technik oder Produktion oder das bisherige Sozialsystem eben abschafft oder umstürzt. Es gibt nun einmal bestimmte Gesetze, die keiner verwerfen oder umgehen kann, der den industriellen und wirtschaftlichen Fortschritt in Freiheit grundsätzlich bejaht. Innerhalb des Systems müßte es indes gelingen, Einseitigkeiten zu vermeiden und um des Menschen willen neue Wege zu finden.

Dort, im Betrieb, gehört das Menschsein investiert; auch arbeitend sollten wir Mensch bleiben dürfen. Der Mensch hat einen Seinswert und nicht nur einen Nutzwert.

54

Wir reden so stolz von der ‚hominisierten Gesellschaft':
von einer bewußten Gestaltung der Welt als der Welt des
Menschen. Aber mit der *Hominisierung* ist es nicht ge-
tan; sie hat nur Bestand, wenn sie zugleich *Humanisie-*
rung, Vermenschlichung der Öffentlichkeit und der Ar-
beitsstrukturen wird.
Dazu noch eine Anmerkung: Es ist ein höchst paradoxer
Prozeß, wenn auf der einen Seite alle erdenklichen medi-
zinischen Hochleistungen erbracht werden, damit der
Mensch lange am Leben bleibt, während dieser selbe
Mensch andererseits oft schon im fünften oder sechsten
Jahrzehnt als leistungsunfähig gilt.

Wo das Leistungsprinzip das einzig Ausschlaggebende
ist, da liegt es nahe, nur jene gelten zu lassen, die über
eine ausgereifte und unverbrauchte Arbeitskraft verfügen. Was aber hätten dann noch die Kinder, die Alten,
die Kranken, die Behinderten in unserer Gesellschaft zu
suchen? Maßstab sollte nicht die Leistung *an sich* sein,
sondern die Leistung *nach Vermögen.* Auch der unver-
schuldet begrenzten Leistung gebührt volle Anerkennung.

Wir brauchen nicht nur Sachen und äußere Zwecke, wir
brauchen Personen; Menschen mit Seinswert, mit Substanz, mit geistiger Kraft, mit Einsicht und Herzens-
wärme.

Man sagt mit einigem Recht, zu den Vorzügen der Indu-
striekultur zähle die Offenheit für Neues, die Beweglich-
keit; der moderne Mensch sei dazu fähig, sich auf immer
neue Situationen, Schwierigkeiten und Konflikte einzu-
stellen. Phantasie und Brückenschlag nach allen Seiten,

Zusammenarbeit mit vielen anderen dürfen wir jedoch nicht nur innerhalb der wirtschaftlichen Zweckmäßigkeit üben; ebenso müssen wir die weltweite Verantwortung, den solidarischen Friedensdienst und die Entwicklung anderer Völker zum Ziel haben.

„Was heute not tut, ist ein solides und ernsthaftes Bemühen, die nötige Unterscheidungsgabe zu gewinnen", schreibt Bernhard Häring. Das erfordert jedoch eine tiefe, lebendige Religiosität und eine betende Gläubigkeit. Als Frucht dessen wird die Kraft der Liebe in uns wachsen, damit wir alles zum Wohl und zum Heil des Menschen wenigstens versuchen.

Ein leitender Journalist sagte bei einer Tagung: „Was uns fehlt, das ist der ständig mitdenkende und kritische Hörer, der sich mit uns immerwährend auseinandersetzt, der uns auf die Finger klopft oder uns ermuntert; der uns zwingt, uns zu rechtfertigen und uns zu verantworten."

Nur der Liebende kann kritisieren. Das Prinzip der Kritik für ihn heißt nicht wie auf dem Jahrmarkt: „Haut den Lukas!", sondern es lautet: „Klärt die Sachzusammenhänge und behandelt die Sachen sachlich und die Menschen menschlich!"

Kümmern wir Christen uns nachdrücklich genug um die Medien? Kommen wir über die bloß negative Kritik hinaus? Bringen wir das Evangelium, seine Orientierung und seine Argumente in unserer Gesellschaft sachgerecht zu Wort? Haben wir überhaupt den Mut, uns in das Spannungsfeld der öffentlichen Auseinandersetzungen einzulassen?

Die eigentliche, geheime Grundkonzeption der Schöpfung ist die, daß „Liebe geschieht". Denn Gott hat diese Welt aus Liebe geschaffen; Gott will, daß diese Welt *ist*. Das innerste Mysterium im Zentrum der Welt ist die Liebe, die sich immer neu teilt und die immer neu mitgeteilt wird. Wenn einer dieses Liebesgeheimnis erkennt, beginnt sein Leben Inhalt zu bekommen. Und er gerät zugleich in Bewegung.

Wenn es einen Weg gibt, um an der Vollendung der Welt mitzuarbeiten, dann ist es der Weg der tätigen Liebe; gerade diesen Gesichtspunkt hat auch das letzte Konzil herausgearbeitet. Wo immer ein Mensch dem Nächsten zur Seite steht – ich denke da an die leiblichen und geistigen Werke der Barmherzigkeit –, wo immer ein Mensch sich für den Anderen einsetzt, da geschieht wirklich Veränderung der Welt auf eine offene, vor uns liegende Zukunft hin, geschieht eine anfanghafte Veränderung der Welt.

Eine Schwester, die Leprakranke pflegt, hat mir ein Lichtbild geschickt, auf dem sie einer völlig verunstalteten Leprosen zulächelt, und die Kranke gibt dieses Lächeln wie verklärt zurück. Ich habe mir die Fotografie als Meditationsbild aufgehoben und darunter geschrieben: „Das Elend lächelt."
Wo das Elend lächelt, weil Liebe an ihm geschieht, ist eine Veränderung der Welt vor sich gegangen.

Hungern und dürsten sollen wir nach einer Gerechtigkeit, die größer ist als das formale Befolgen von Vorschriften. Jesus geht es darum, daß wir in seinem Geist zunehmen an Liebe, daß die Teilnahme und das Erbarmen wachsen angesichts der Not in der Welt und daß der Friede gemehrt wird.

In der Bibel weist das Wort Liebe an vielen Stellen auf die soziale Gerechtigkeit hin. Und da fängt es an, und zwar in der Weise, daß wir uns mit einem entschlossenen Einsatz für das Notwendige, für das Notwendende mitten in dieser Welt bewähren – uns bewähren als Menschen, die aus dieser heimlichen Flamme der Freundschaft mit Gott leben.

Gott läßt uns keine Ruhe; er vertreibt unsere Langeweile und runde Zufriedenheit. Er scheucht uns auf, damit wir uns nicht an den eigenen Trott gewöhnen oder uns an unsere Verhaltensregeln klammern. „Ausgerechnet in der Woche", so schrieb mir ein Bekannter, „als ich das Geld beieinander hatte, um mir eine längst geplante Annehmlichkeit zu leisten, kam die Nachricht von der schrecklichen Dürrekatastrophe. Und prompt kamen auch die entsprechenden Hilferufe. Da konnte ich doch nicht mehr an meiner Liebhaberei hängenbleiben."

Die Botschaft Jesu hält für unsere persönlichen und gesellschaftlichen Probleme eine Fülle von Anregungen, Alternativen und Hilfen bereit. Ich denke da zum Beispiel an die vielerörterten Fragen nach dem Sinn unseres menschlichen Lebens, nach dem Frieden in der Welt oder nach den Grundnormen eines sittlich verantworteten Daseins. Wenn bei all dem die religiöse Tiefe übergangen, unterschlagen oder einfach vergessen wird, wie soll dann dem *ganzen* Menschen geholfen sein?

Mitten in dieser Wirklichkeit sollen wir das jeweils Mögliche und Sinnvolle tun. Um der Liebe willen, so bezeugt Gott selbst in seinem Wort, lohnt sich jeder Schritt, lohnt sich jeder Versuch. Mitten im alltäglichen Leben ereignet sich überall dort ein Fortschritt, wo einer die Freiheit lebt, indem er das Gute vor Gott und den Menschen zu verwirklichen bemüht bleibt.

Wer zuerst präzise Angaben will, bevor er etwas tut, den darf man an eine kleine Begebenheit aus dem Jahre 1962 erinnern. Damals wurde Papst Johannes gefragt: „Was ist das denn überhaupt, ein Konzil?" Johannes entgegnete: „Ich weiß es nicht. Warten wir ein halbes Jahr, bis die erste Sitzungsperiode vorüber ist, dann werden wir wissen, was ein Konzil ist." Es erwies sich, daß jenes Wagnis sinnvoll und notwendig war.

Man muß säen, damit man eine Ernte erwarten darf. Und es bedarf wahrhaftig keines besonderen Scharfblicks, um die religiösen, die sozialen, die kulturellen Aufgaben zu erkennen, die unsere Mitverantwortung überall herausfordern.

Nahe bei Warschau liegt ein Ort namens Laski, den ich vor einiger Zeit besuchen konnte. In ihm befindet sich ein Heim für mehr als vierhundert erblindete Kinder, die von über hundert zum großen Teil ebenfalls erblindeten Schwestern versorgt werden. Das Blindenheim geht auf eine Gräfin zurück, die bei einem Sturz vom Pferd das Augenlicht verlor. Gestützt durch einen Priester, rang sich die Gräfin nach langem Hadern mit ihrem Schicksal schließlich dazu durch, ihre Erblindung als göttlichen Fingerzeig zu verstehen. Sie baute mit ihrem Vermögen ein Haus, sammelte Leidensgefährten um sich und legte so den Grund für das heutige Blindendorf in Laski.

Den Sinn des Lebens, das mag dieses gestaltete Schicksal veranschaulichen, kann man nicht finden, wenn man sich an der gegebenen Wirklichkeit vorbeidrückt. *Dort* ist der

Sinn des Daseins zu suchen und zu entdecken, wo einer
hingestellt ist. Wer sich an seinem Platz bewährt, verändert auch die Welt.

Jeder, der sich Christ nennt, ist in außerordentlicher
Weise zum Frieden verpflichtet. Als Grund dafür nennt
Papst Paul VI. „das Erbe des Friedens, das uns Christus
hinterlassen hat". Friede ist nicht nur die Abwesenheit
des Krieges, er ist die Anwesenheit Gottes in der
Welt.

Was uns geschenkt ist, müssen wir weiterschenken; was
uns der Himmel gab, müssen wir der Erde vermitteln.
Jesus hat keinen Zweifel daran gelassen, daß dieses Weitergeben, das Schaffen und Stiften des Friedens, zu den
hervorragenden Bewährungsproben der Gemeinschaft
mit ihm gehört. Jesus bringt nicht nur den Frieden; er
verlangt von den Beschenkten auch in aller Dringlich-
keit, daß sie diesen Frieden vervielfachen, hinein in ihre
eigene Welt. Das „Erbe des Friedens" muß, wie ein
nuklearer Kern, sich im Sein und im Tun eines jeden
auswirken.

Die Verantwortung für den Frieden läßt sich nicht so
leichthin, wie es oft geschieht, nach oben abschieben. Sie
ist jedermanns Sache, nicht nur die der sogenannten
Großen, der einflußreichen Persönlichkeiten in Politik
und Kirche. Wer den Menschen wahrhaft ernst nimmt,
der kann es durchaus nicht als belanglos betrachten, wie
der Einzelne in seinem Wollen und Planen eingestellt ist.
Was jeder von uns im Innersten denkt, fühlt und beab-
sichtigt, das kehrt sich über kurz oder lang nach außen;
es prägt unser menschliches und also auch mitmensch-

lich-öffentliches Leben. Wer demnach Haß, Ablehnung und Mißgunst gegen den Anderen in sich trägt, wer, wie heute so viele, dem Freund-Feind-Bild verhaftet ist, wer die Änderung menschenunwürdiger Zustände und Strukturen verhindert, der trägt auch Spannungen und Verfeindung in diese Welt. Und umgekehrt: Wer Güte, Versöhnung, Großmut und Erbarmen in sich nährt und pflegt, der wird das auch in Wort und Tat nach außen tragen. Mag diese Wahrheit in einer Massengesellschaft weithin nicht mehr zum Zuge kommen, es gilt dennoch: Alles Persönliche hat auch außer- und überpersönliche Wirkung.

Jesus versteht seine Verkündigung nicht allein als innerlich-private Erbauung. So hoch er den Wert, die Würde und die Verantwortung der einzelnen Person ansetzt: er sieht den Einzelnen immer auch im Bezug zum Anderen, zur Gemeinschaft und zu den Ereignissen der Welt. Seine umstürzenden Informationen über Gott und dessen Willen, über den Menschen und dessen Berufung zur letzten Freiheit wie auch die Aufforderungen zur Brüderlichkeit und zur Vergebung – sie richten sich zugleich an die Öffentlichkeit. Das Evangelium geht alle an.

Laut dem Evangelium genügt es nicht, unsere Nächsten zu lieben; wir sollen auch den Feindeshaß durch Liebe überwinden. Gott will nichts anderes als unsere eigentliche Freiheit, wenn er uns aufträgt: ,,Ich aber sage euch: Liebt eure Feinde und betet für eure Verfolger, damit ihr Kinder eures Vaters im Himmel werdet."
Wer sich diese Grundeinstellung zu eigen macht, der wird erfahren, was Pater Delp einmal gesagt hat: ,,Solche Freiheit ist der Atem des wirklichen Lebens."

Wo Menschen sich persönlich vergeben oder wo gar Kirchen und Völker einander das Vergebungswort zusprechen, da breitet sich das Reich Gottes geradezu fühlbar in der Geschichte aus.

„Geistig-Geistliche müssen wir immer wieder sein, wenn wir in dieser Welt noch irgend etwas anbieten wollen", hat Bischof Sailer gesagt. Wir dürfen nicht Resignierende sein. Wir dürfen nicht zu denen gehören, die genug haben und auf halber Strecke bleiben, statt daß sie aus ihrem Leben ein Ganzes machen. Wir müssen die Begeisterten sein: jene, die dem Geist, dem Heiligen Geist, Raum in sich schaffen; dann wird durch diesen Geist und durch unseren Liebesdienst aus dem Geist die Welt verändert und umgewandelt.

Wer in Liebe antwortet auf die geschenkte Liebe, der verwirklicht das erfahrene Heil.

Über die Freude

Alltag, Mühsal, Einförmigkeit, Ermüdung – wir dürfen mit unserem Lebenskarren nicht steckenbleiben. Der Ausweg? „Binde deinen Karren an einen Stern!" (R. W. Emerson). Wo noch ein Stern ist, da gibt es Aufschwung, Freude. Und wie heißt der Stern? Der Name birgt eines jeden Menschen Lebensgeheimnis.

Kein Mensch kann ohne Freude bestehen; Freude gehört zu unserem Lebenselixier.

Die Kinder machen uns vor, wie man sich freuen kann: sie jauchzen über die Blume, den Quell, das Tier, ein Spielzeug; froh erfahren sie ihren wendigen Leib und ihren erwachenden Geist; sie sehnen inbrünstig das nahende Fest herbei, und sie freuen sich auf die Zeit, wenn sie groß sein werden. Sie gehen auf im Augenblick und schauen gleichzeitig voll Erwartung in die Zukunft.

Manche Menschen, besonders Dichter, Künstler und Heilige, strahlen noch etwas von diesem kindlichen, paradiesischen Daseinsgefühl aus. Aber kein Erwachsener kann es völlig bewahren. Viele erleben noch einen freudigen Höhepunkt in der bräutlichen Liebe; dann aber verebbt oftmals die hohe Woge.

Doch was uns einmal so überschwänglich zugehörte, läßt sich zu einem Teil zurückgewinnen, neu entfalten und zur Tugend machen. Ja, die Freude ist ein Antrieb zu allen Tugenden. Willentlich können wir Dankbarkeit in uns wachrufen, unsere Schaukraft und Empfindungswelt pflegen. Wir sollten wieder das große Staunen lernen.

Wir sprechen von Naturfreude, von Kunstfreude, von Elternfreude, von Spielfreude und von vielen anderen Freuden. Jedes Schöpfungsding, alles Arbeiten und Dienen, alles Forschen und Erkennen, alles musische Tun, jede menschliche Nähe kann Freude schenken. Ein ausgeglichener, dankbarer Mensch eilt so von Freude zu Freude. In seinem Alltag sind es vielleicht immer die gleichen kleinen Erlebnisse, die ihn ermuntern: der Morgengruß seiner Frau, ein Blick zum hellen Himmel, die Tasse Bohnenkaffee, eine winkende Kinderhand am Fenster, der Gang durch die Vorgärten, die spannende Post... Und immer gibt es auch für den alternden Menschen noch große, überraschende Freuden: anregende Freundschaft, berufliche Anerkennung, eine Reise, die Erfolge der Kinder, die Geburt der Enkel...

Ist es trotz des Wohlstandes schon so weit mit uns gekommen, daß wir nichts mehr oder nicht mehr viel haben, was uns mit Freude erfüllt? Gibt es nicht eine Fülle von Menschen, Naturerlebnissen, Wahrheiten und begründeten Hoffnungen, die uns froh machen könnten? Aber freilich, man muß sie sehen, erkennen und die Dankbarkeit in sich pflegen. Thomas von Aquin hat die selbstverschuldete Traurigkeit eine Sünde genannt. Man muß sich die Freuden-Gründe ins Bewußtsein rufen. Jedem von uns ist ein froher Mensch lieber als ein vergrämter. Doch die freudige, helle Ausstrahlung, die wir von anderen erwarten, sollte wie eine Wohltat auch von uns ausgehen.

Die Freude lebt vielfach vom Gegensatz: Nur der Hungernde freut sich über einen gefüllten Teller; nur der Fleißige kann einen Urlaub voll genießen; nur wer lange durch die Nacht geirrt ist, findet ein erleuchtetes Fenster oder einen einzigen kleinen Stern überwältigend; nur wer gefangen saß oder sich unter einer Diktatur geknebelt fühlte, kann den Wert der Freiheit ganz ermessen.
Solche Erfahrungen lassen sich für die Freude nutzen: bescheiden leben, damit Luxusgüter und Feste noch Geschenke sind; die Lichterflut der Städte verlassen und

auch einmal eine Nachtwanderung machen in einsamer Gegend; viel nachdenken über den Segen der Freiheit, im bürgerlichen und im religiösen Leben.

Von hier aus gewinnt die Askese ihren Freuden-Sinn. Auch sie dient der Menschwerdung des Menschen. Heraus aus der faden Gewohnheit und Verweichlichung! Gewohnheit, Sattheit machen leicht gewöhnlich. Sich stählen, sich trainieren an Leib und Seele, um beweglich und beeindruckbar zu bleiben. Nur wer sich so trainiert, bleibt freudenfähig.

Bescheidenheit und Zucht erheben alle Genüsse zum Besonderen. Ein Freudenkünstler erzieht sich deshalb zum klugen Verzicht.

Als Krankenhausseelsorger bin ich erstaunlicherweise auf die meisten Freudenkünstler gestoßen. Da begegnete ich zum Beispiel einem passionierten Weltreisenden, der im Bett seelenvergnügt den Atlas studierte und auf einem Zauberteppich von Kontinent zu Kontinent reiste. – Eine Blumenfreundin fand ich umringt von Pflanzenkatalogen; die herrlichste Blütenpracht entfaltete sich in ihrem Traumgarten, und sie versicherte mir, sie könne die Rosen und Nelken geradezu riechen. – Oder ein junger Handwerker war ein andächtiger Wolkengucker. Als Amateurfotograf hatte er sich auf Wolkenaufnahmen verlegt, und stundenlang betrachtete er tiefversunken die schönen und bizarren Gebilde.

Wahrhaftig, wer eine heitere Phantasie pflegt, der ist um Freuden nie verlegen!

Vor einigen Jahren kam ich in eine Familie, in der die Freude eine Heimstatt besaß. Sooft ich dort einkehrte, stets gab es Anlaß zum Lachen. Wenn die Kinder stritten, wenn Papa verstimmt war, der Mutter fiel immer etwas Beruhigendes oder Ermunterndes ein. Die ehemalige Sportlehrerin verstand sich auf allerhand Leibeskünste, und sobald sie etwa radschlagend ins Zimmer kam, begruben die Kinder jubelnd ihren Zwist oder vergaßen eine üble Laune. Einmal erlebte ich es, wie diese fröhliche und kluge Frau sich eine soeben beim Räumen gefundene Pfauenfeder ins Haar steckte und sich so lächelnd zu dem gekränkten Hausherrn begab, der ihr erheitert Versöhnung gewährte.

In dieser Familie wurde auch ein Muß in eine Freude verwandelt.

Und wie konnten die Eltern mit ihren Kindern feiern! Es wurden nicht nur die üblichen Feste begangen: es gab auch das Fest des ersten Schnees, des ersten Schneeglöckchens, der ersten Schwalbe – und so zogen sich die Festfreuden durch das ganze Jahr. Nie empfand ich in diesem Hause so etwas wie Trott und lähmenden Alltag.

Natürlich habe ich immer gewußt, welche Freude Kinder ihren Eltern und Großeltern bereiten können, aber was wir längst wissen, kommt uns manchmal blitzartig wie neu zum Bewußtsein. Merkwürdigerweise hatte ich in einer einzigen Woche zwei solcher Erlebnisse:

Ich fand einen bekannten Maler in tiefer Versunkenheit am Bettchen seines Säuglings sitzen. Seine Frau erzählte mir, seit der Heimkehr des Söhnchens aus der Geburtsklinik verbringe er täglich Stunden an dessen Bett. Jedem Zucken des kleinen Gesichtes, jeder Bewegung der Händchen gehe er in Andacht nach. Ihr Mann beobachte das Kind keineswegs nur als Maler, nein, er sei hingerissen als Vater. Er ,meditiere' sein Kind.

Und das andere Erlebnis: Ein Pfarrer war auf den Einfall gekommen, zwei alte alleinstehende Frauen zu bitten, einige Stunden in der Woche die kleinen Kinder in einem

Waisenheim zu besuchen. Als ich in dieses Heim kam, saß gerade eine der Frauen märchenerzählend da, umringt, ja förmlich beklebt mit Kindern, deren Blicke am Mund der ‚Großmutter' hingen. Das schrumpelige alte Gesicht leuchtete vor Freude; ein Anblick, den ich nie vergessen werde.

Wenn von der Freude die Rede ist, müssen wir noch eigens auf die Tiere eingehen. Der heilige Franz hat sie als seine Geschwister bezeichnet und sogar die Spinne seine Schwester genannt. Je mehr die Zivilisation die Tierwelt verdrängt, umsomehr sehnen wir uns nach dem Umgang mit ihr.

Wie freuen wir uns über unseren Hund, wenn er uns schwanzwedelnd entgegenstürzt! Bei ihm können wir uns erholen. Sind wir mit uns selber unzufrieden oder sind andere es: er, der Hund, blickt immer gleich hingebend zu uns auf und findet uns ohne Tadel. Er ist der treue, muntere Begleiter auf unseren Gängen und reagiert auf alles, was wir zu ihm sagen. Wir sind überzeugt, er verstehe jedes Wort. Teilhard de Chardin, der berühmte französische Theologe und Philosoph, hat dem Hund sogar bescheinigt, daß er bereits „einen Hauch von Persönlichkeit" besitze. Wie gerne vernimmt das der Hundefreund!

Andere erfreuen sich an ihrem reizenden Pony, an ihrer anmutigen Schmeichelkatze, an dem plaudernden Wellensittich, dem possierlichen Goldhamster, dem Igel im Garten, der sich abends an der Milchschüssel einfindet, an den farbigen Fischen im Aquarium, die zu betrachten der Liebhaber nie müde wird. Welches Tier auch immer einer bevorzugt, er erfährt durch diesen Gefährten die Freude am Lebendigen.

Unlängst habe ich wieder einmal über Don Bosco gelesen. Ich fand bei ihm eine Art Kurzbeschreibung des richtigen christlichen Lebensstils: „Das Beste, was wir auf der Welt tun können, ist: Gutes tun, fröhlich sein und die Spatzen pfeifen lassen."

Der erste Rat ist leicht eingängig, denn Gutes tun kann jeder, der es ernstlich will. Und fröhlich sein? Gewiß, es gibt Naturen, die eher zur Fröhlichkeit neigen. Doch sicher ist dies: Gutes tun erwärmt das Herz, macht uns gelöst und heiter. So ist die Fröhlichkeit eine Folge des Guten wie eine Folge auch der Dankbarkeit. Und sie ist vor allem eine Gnadengabe, die uns aus der christlichen Hoffnung zufließt.

Wie aber läßt man unbeirrt die Spatzen pfeifen? So viele Menschen leben den Kritikastern zuliebe oder wetteifern mit den Angebern, wodurch sie gepeinigte Liebediener werden. Die Spatzen kann nur der unbekümmert pfeifen lassen, der ein gesundes Selbstwertbewußtsein besitzt. Dies aber bekommt der Glaubende, der sich von Gott geliebt und bestätigt weiß. Was scheren ihn die Mißgünstigen, die Angeber, die Sensationslüsternen, wenn er seinem Gewissen folgt? Vor einer solchen Unbekümmertheit kapituliert auf die Dauer auch eine übelwollende Mitwelt; die fröhliche Sicherheit entzieht aller Mißgunst gleichsam den Sauerstoff.

Wie die Liebe, so ist auch die Freude entwaffnend.

Erfreuen wir uns am Spiel! Wie der Schöpfer spielend seine Welt erschuf, heiter-ernstes Gebilde der reinen Nutzlosigkeit, Ausfluß allein der Liebe, der Freude, der Schönheit, so darf sich der Mensch dem ‚nutzlosen' Spiel hingeben.

Spiel ist ein sinnvolles, aber zweckfreies Tun, eine freudige Tätigkeit um des Tätigseins willen. Es ist bereits ein Hinweis auf die Ewigkeit, wo wir gelöst, frei von Erdenschwere, in seliger Hingabe vor Gottes Angesicht spielen. Könnten die Menschen nicht mehr spielen, wären sie nur noch Staubgeborene, Sklaven der Mühsal und der Zwecke. So haben Dichter und Denker aller Kulturepochen Tiefsinniges über das Spiel geäußert. Ich berufe mich hier auf Hermann Hesse, weil er vor allem die Gefahren unserer Zeit mit ihrem bloßen Nutzdenken erkannt hat. Er schreibt: „Wenn wir heute, in einer Welt der Zwecke und in einer Welt der Machbarkeiten, nichts mehr hätten von der Phantasie, von der Freude am Schönen, von der Freiheit der Farben und vom Schmücken der Säle, dann wären wir mitten in dem, was uns umgibt, die ärmsten Menschen."

Schönheit weckt Freude. Sehen wir zu, daß das Schöne auch in unserem Kirchenbau und in unseren Gottesdiensten gegenwärtig bleibt! Es darf nicht so weit kommen, daß wir das Schöne immer nur außerhalb der religiösen Welt suchen: im schönen Wohnen, in der schönen Kleidung, im schönen Tanz. Die Schönheit hat es, als unmittelbare Wahrheit, mit dem Lobpreis der göttlichen Herrlichkeit zu tun. Die Architektur, die Bilder, die Geräte, die Liturgie, alles soll die Wahrheit durch den Glanz der Schönheit offenbaren.

Es ist eine völlig falsche, pseudo-christliche Ansicht, der Christ dürfe sich nicht an dem freuen, was er besitzt – nicht nur nach außen besitzt, sondern auch inwendig. Im Gegenteil, die Werte, die wir besitzen, müssen wir erkennen, sonst können wir sie nicht entfalten.

Der Mensch genügt in seiner Tätigkeit nicht nur einer sittlichen Pflicht. Im biblischen Sinne wertvoll ist auch der Elan schöpferischen Tuns und das Glück, das uns dieses Tun schenkt; wertvoll ist die herrscherliche Überlegenheit über den Stoff der Welt und die Einsicht in die Fülle des Geistes.

Bei Georg Feuerer, einem Gelehrten mit einem schweren Schicksal, las ich eine ganze Reihe von Gründen, die uns zur Freude bewegen könnten. Unkompliziert wie ein Kind spricht er zunächst von der *Daseinsfreude*. Diese ist allerdings nur dem eigen, der Ja sagt zum Leben – Ja zu sich selbst bei aller Begrenztheit und Ja zu seinem Lebensweg mitsamt seinen Einschränkungen. Wer sich und sein Leben dankbar annimmt und das Beste daraus zu machen versucht, der findet genug Erfreuliches.

Dann nennt Feuerer die Freude über die *Erwählung*. Diese Freude quillt aus der Offenbarung. Sie kommt aus dem Vertrauen, daß ein jeder sich von Gott mit eigenem Namen gerufen weiß. Wir dürfen Ja zu uns sagen, weil Gott Ja zu uns gesagt hat. Er liebt uns, er nimmt uns an, wie wir sind, und läßt unseren guten Willen gelten. Wir sind keine sinnlosen Zufallsgeschöpfe. Gott hat vielmehr Großes mit uns vor, und zwar mit jedem von uns. Dazu kommt erst recht jenes Erwähltsein, das uns mit der Taufe zuteil wurde. Der Menschensohn ist unser Bruder geworden. Weil uns Gottes Liebe in Jesus Christus aufgeleuchtet ist, können wir wiederlieben.

Und ferner kann uns die *Wirkensfreude* erfüllen. Als Partner Gottes dürfen wir mitwirken an der Entfaltung der Welt. Die Welt wächst an uns, und wir wachsen an der Welt. In dem, was uns an Begabungen und Weltwirklichkeit vorgegeben ist, besteht auch unsere Aufgabe und Sendung.

Außerdem könnte man die Freude an fruchtbaren *Begegnungen* nennen. Entsinnen wir uns doch, wieviel wir an Güte, Hilfe, Herzlichkeit, Anregung von anderen empfangen haben!

Und ist uns nicht schließlich auch – dank der Zusage Gottes – die *Erwartensfreude* gegeben? Gott wird unser mangelhaftes Wesen und all unser begonnenes Schaffen vollenden. Unsere Sehnsucht, unsere Anstrengung hat ein Ziel, das Erfüllung bringt.

Als Feriengast saß ich faulenzend am Schwimmbecken eines Hotelgartens und sah den planschenden Kindern zu. Da fiel mir ein kleines Mädchen auf, das immer wieder seine Mutter herbeirief, damit diese seine Fortschritte in der Schwimmkunst bestaune. Sobald die Kleine wieder ein paar Meter zurückgelegt hatte, ging's von neuem los. „Schau, was ich kann!" schrie das kleine Mädchen begeistert.

In der trockenen Sprache eines psychologischen Lexikons findet sich zu einem solchen Vorgang das Stichwort ‚Leistungsfreude'. Was das Kind beglückte, das beglückt auch jeden anderen gesunden Menschen. Es ist die Freude am Wirken, an der Erprobung und Bewährung der Kräfte. Der Mensch ist mit Schöpferkraft begabt; er will die ihm anvertraute Wirklichkeit gestalten. Das gilt für alle Gebiete: für den Lehrer, der seine Kinder wieder ein Stück voranführt; für den Arzt, der dem Patienten aufhilft; für den Handarbeiter, dem ein Werkstück gelingt; für die Hausfrau, die ihrer Familie ein Heim bereitet und ein schmackhaftes Mahl auf den Tisch bringt. Als Anreiz mag noch die Anerkennung durch andere hinzukommen, aber das erste ist die Leistungsfreude.

Vom stellvertretenden Leiden ist bei uns Christen oft die Rede – haben wir aber nicht ebenso den Auftrag zur stellvertretenden Freude? Sie ist ein so wichtiges Glaubenszeugnis wie das willige Leiden aus Liebe. Freude ist eine mächtige Verkündigung und ein starker Beistand für alles Glauben, Hoffen und Lieben.

Wo sind solche Menschen, die trotz Belastung und Kampf, trotz Leiden und Not die Freude bewahren? Gibt es die überhaupt? Wer sich in der Geschichte der Christenheit etwas auskennt, dem fallen sofort einige Namen ein. Ich erinnere etwa an den heiligen Franziskus, an die großartigen Jugenderzieher Philipp Neri und Don Bosco oder an den guten Papst Johannes. Das sind nur wenige Namen aus der Schar derer, die ohne Unterlaß die Wahrheit bezeugen: Der Glaube an Gott ist eine unversiegliche Quelle der Freude und des Vertrauens.
Stellen wir uns jedoch die Freude im christlichen Leben nicht zu einfach vor. Auch diese glaubenstreuen Menschen, die wir anführten, hatten zu ringen, auch sie standen immer wieder vor einer Wand, welche die Zukunft verbaute. Es wäre auch nichts Bewunderungswürdiges, wenn sie nur fröhlich geblieben wären, weil jede Unbill sie verschonte. Die Echtheit und Tiefe der Freude wird nicht in guten Tagen oder in unbeschwerten Jahren bewiesen; was eine Freude wert ist, welche Lebenskraft und welche Tiefe ihr innewohnt, das zeigt sich erst in der Stunde der Prüfung. Wie aber schafften es diese Menschen, die Freude mitten in der Drangsal zu bewahren? Ihr Geheimnis lag wohl darin, daß ihr Herz niemals die Hoffnung aufgab. An der Hoffnung festhalten kann freilich nur jener Mensch, welcher sicher weiß, daß sie auch in Erfüllung geht.
Damit sind wir wieder bei unserer Beziehung zu Gott, anders gesagt: beim Glauben. Im Glauben an den Gott

der Liebe weiß ich, daß seine Versprechungen gültig sind und gültig bleiben, selbst wenn alle sogenannten Tatsachen Gottes Versprechungen zu widerlegen scheinen. Gottes Wort ist beständiger als die Übel, die unser Dasein bedrohen.

Den bekannten Priester und Theologieprofessor Friedrich von Erxleben aus Koblenz, der früher Opernsänger gewesen war, durfte ich als Vikar zwei Wochen lang erleben. Nie bin ich einem fröhlicheren Menschen begegnet. Die Freude war für ihn das A und O des Christenlebens. So lautete auch die eindringliche Lehre, die er mir mitgab: „Menschliche und christliche Freude ist einer der bleibenden Gottesbeweise."
Erst nach Erxlebens Tod erfuhr ich aus Zuckmayers Buch ‚Als wär's ein Stück von mir‘, daß Erxleben zu jenen Priestern gehörte, die die letzten Kriegsjahre in einem Konzentrationslager hatten durchstehen müssen. Aber auch im Lager hielt ihn nichts von der Sangesfreude, der Glaubensfreude und Bekenntnisfreude ab: jeden Morgen stimmte er beim Wecken für sich und seine Leidensgefährten laut das Gloria an, ungeachtet aller Quälereien, die er damit auf sich zog.

Sollten wir uns nicht auch immer wieder an unserer Jugend freuen können? Sie ist soviel besser als ihr Ruf. Ich liebe ihre Aufrichtigkeit, ihre tapfere Einsicht bei begangenem Unrecht, ihre Hilfsbereitschaft, ihre frühe Überlegenheit in vieler Hinsicht.
In der letzten Zeit habe ich zwei Erfahrungen mit Jugendlichen gemacht, die ich als besonders erfreulich wiedergeben will:
Bei einem Autounfall wurde der vierzehnjährigen Beate das Gesicht übel zugerichtet. In mehreren Operationen

konnten ihre ursprünglichen Züge zurückgewonnen werden, aber die Behandlung zog sich lange hin, und zwischen den Eingriffen besuchte das junge Mädchen wieder die Schule.

Die Mitschülerinnen und Mitschüler begegneten ihr jetzt mit einer gewissen Scheu, und sie mochten sich nicht mit ihr auf der Straße zeigen, weil die Vorübergehenden manchmal halblaute Bemerkungen machten. Beate fühlte sich so grausam isoliert, daß sie lieber bei dem Unglück umgekommen wäre, wie sie ihrer Mutter klagte. Da stellte sich eines Tages, als das Mädchen abwesend war, ein Klassenkamerad vor die anderen hin und bestürmte sie mit einer kleinen Ansprache: „Sind wir nicht Schweine? Wir sind getauft und gefirmt und lassen die arme Beate im Stich! Das muß anders werden." Der Junge brachte fünf Mitschülerinnen dazu, daß sie zu Beate gingen und sich bei ihr entschuldigten. Damit habe eine neue Gemeinschaft begonnen, wie mir Beates Mutter berichtete. Etwas wie ein christlicher Impuls belebe seitdem die ganze Klasse. Es sei nicht billiges Mitleid, sondern eine Erneuerung in der Liebe, durch die Beate selbst ein reicheres Leben gefunden habe. –

Und die andere erfreuliche Erfahrung:

In einer Familie wurde nach einer Pause von acht Jahren ein Nachkömmling erwartet. Da bei alten Eltern mongoloide Kinder häufiger vorkommen, härmte sich vor allem die Mutter über den späten Nachwuchs. Die Geschwister aber freuten sich so sehr über das zu erwartende Brüderchen oder Schwesterchen, daß die Frau sich schließlich von ihrer Vorfreude tragen ließ. Und das Kind, ein Mädchen, kam gesund zur Welt, und die Dankbarkeit war groß. Der Kinderarzt bekam viel zu tun, denn immer wieder erschien die Mutter, um den geliebten Nachkömmling vorzustellen. An einem Tag, an dem sie verhindert war, schickte sie ihren sechzehnjährigen Hannes mit dem Kind in die Sprechstunde. Die Arzthelferin begrüßte ihn mit den Worten: „So, hast *du* heute die Kleine herbringen müssen!" Schlagfertig erwiderte der Junge: „Nein, nicht *müssen – dürfen!*"

Und nun frage ich: Hätte in der letzten oder vorletzten Generation ein Halbwüchsiger einen Säugling so selbstverständlich im Kinderwagen geschoben und ihn allein zum Arzt gebracht? Was für eine schöne, reife Antwort hat hier ein Sechzehnjähriger gegeben!

Bei dem Geheimnis der Himmelfahrt Jesu Christi wird uns eines offenbar: wie groß Gott vom Menschen denkt. Daß Gott am Anfang die Materie, die dingliche Welt und die menschliche Natur aus dem Nichts ins Dasein rief, das ist das Wunder der Schöpfung. Die denkbar größte Steigerung dieses Wunders aber bleibt es, daß Gott die zwischen Sein und Nichtsein schwankende Natur des Geschaffenen hinaufnimmt in seine Herrlichkeit; daß er sie auch teilhaben läßt an seiner Unvergänglichkeit und Fülle.

So sehen wir auf dem Antlitz eines Menschenbruders die göttliche Majestät selbst aufscheinen – könnte uns etwas mehr bestätigen und beglücken?

Gewiß können Erinnerungen uns belasten und beschämen, aber viele Erinnerungen sind auch schön, beglückend, eine unerschöpfliche Quelle der Freude. Wie viele denken nicht voller Freude an ihre Kindheit, an Freundschaften, an die Zeit der jungen Liebe, an Natureindrücke und Fahrten, an die großartige Kameradschaft im Krieg und in anderen Notzeiten! Ohne Erinnerungen wären wir arm.

Nur in der Rückschau, in der Zusammenfassung alles Erfahrenen, besitzen wir unser eigenes Leben ganz. So ist die Rückschau schon ein Vorgeschmack der Ewigkeit, weil wir dort, der Zeit enthoben, alles Erlebte gleichzeitig besitzen; alles gewesene Kostbare vereint sich in immerwährender Gegenwart.

„Alle Lust will Ewigkeit", und auch alle Freude will Ewigkeit. Die verrinnende Freude hinterläßt den Geschmack nach Vergänglichkeit. Freude ist nur ganze Freude für den reifen Menschen, wenn er sie als Versprechen auf eine nie endende, vollkommene Freude erkennt.

Von der Freude künden uns die Heilige Schrift, die Liturgie und die Sakramente. Evangelium bedeutet ja Freudenbotschaft. Freut euch, frohlocket! heißt es immer wieder. Freut euch, daß Gott seinen Sohn in die Welt gesandt und zum Opfer dahingegeben hat. Freut euch, daß der Herr wiederkommen wird und euch einlädt zum ewigen Hochzeitsmahl. Feiert die Eucharistie in der Freude über seine heilende Gegenwart und in der Vorfreude auf sein Kommen!

Das ewige Hochzeitsmahl ist eines der schönsten biblischen Gleichnisse, unter dem die überfließende Freude begriffen wird: Speise, Trank, Musik, Tanz, Wohlgerüche, Festgewänder, Geschmeide, Licht, Eintracht der Herzen und die unlösliche Verbundenheit der Liebenden. Alles, was uns im irdischen Dasein froh machen konnte, findet seine Erfüllung in der verklärten Welt.

Daseinsrätsel,
Not und Trost

Warum läßt Gott seine Geschöpfe leiden und in Ängsten sterben? Woher kommt das Böse und welchen Sinn hat es in unserem Leben und in der Geschichte?
Wir wissen auch als Christen sehr wenig darüber. Sicher wissen wir nur wie alle Menschen, daß uns diese und keine andere Welt zugeteilt ist. Die Antworten, die uns die Bibel gibt, sind keine rationalen Erklärungen; es sind Offenbarungswahrheiten, Auskünfte des Glaubens, die allein der erleuchtete Geist und das erleuchtete Herz erfassen. Jesus Christus hat die Unvollkommenheit der Welt dem Verstand nicht enträtselt, aber er hat das Leiden willig auf sich genommen, in eigener Gestalt die Vollkommenheit bezeugt und die künftige Vollkommenheit alles Geschaffenen verheißen.

Gott ist kein nebelhaftes höheres Wesen. Und er ist nicht der Abwesende, der in sich selber selig ist, ohne daß er sich um uns kümmert. Nein, in Jesus ist er mit uns eins, mit uns solidarisch geworden; seine Nähe zu uns ist offenbar. Gott existiert nicht weitab vom Getriebe und Stöhnen der Welt; er hat sich eingelassen in unser menschliches Leben. Für immer und für alle ist er da, mitten in unserer alltäglichen Wirklichkeit. Die Menschwerdung ist persönliche Hingabe Gottes, ist das, was wir nicht anders nennen können als – Liebe.

Jesus kam als einer von uns, als ganzer Mensch; er kam genau dahin, wo wir uns befinden. Der Menschensohn erleidet ein Menschenschicksal, ja ein mühevolles und schmerzliches Geschick bis hin zum Tod am Kreuz. Er trägt all das aus und leidet all das aus, was an Widerstreit, an Not und Last unser Dasein bedrückt. Er erspart sich keinen unserer steinigen Wege. Er teilt unser Schicksal wie ein Liebender, der nicht will, daß es ihm anders ergehe als seinem geliebten Du.

Jeder Mensch sehnt sich nach einem, der ihn versteht und der sein Schicksal teilt. Alle Menschensehnsucht gilt einer grenzenlosen Liebe. In der Dunkelheit, im Fragen, im Leiden und im Sterben wollen wir nicht allein bleiben. Das Kind von Betlehem hat es offenbar gemacht: Gott liebt uns, jeden von uns. „Ohne den menschgewordenen Logos wären wir wie das Geflügel, das im dunklen Stall für den Tod gemästet wird", sagte der griechische Gelehrte Klemens von Alexandrien. Jetzt aber sind wir dem Metzgertod entronnen. Gott hat sich in seinem Sohn der Menschheit verbunden. Die ‚personifizierte Liebe' liegt in einer Jungfrau Schoß.

Jesus Christus hat uns nicht bloß ein paar Lebensweisheiten mitgeteilt, er hat uns nicht nur auf wichtige Lebensgesetze hingewiesen und so einige soziale Impulse in Bewegung gebracht. Was er in Kreuz und Auferstehung vollzogen, das hat die eigentliche Umwälzung gebracht, die totale Revolution, die das Gesamtschicksal des Menschen und der Welt radikal und umfassend verändert. Er ist nicht nur der Prophet einer neuen Ära, er schafft vielmehr das neue Leben. Er hat wirkliche Befreiung geschenkt. Er ist zum bleibenden Mittler geworden, der alle rettet, die, wie die Schrift bezeugt, „durch ihn vor Gott treten, da er immerfort lebt, um für sie einzutreten". Wo das tiefste Elend und die schmerzlichste Daseinsnot den Menschen erschüttert, da eröffnet Jesus Christus uns den Raum der letzten Erfüllung und Geborgenheit. „Auch ihr sollt leben", das besagt: Ein neues Blatt ist aufgeschlagen, ein neues Jetzt hat begonnen. Es gilt nicht mehr Scheitern und Schuld; überwunden ist das Grauen vor Verzweiflung und Tod. Nun gilt erst recht die Solidarität des Herrn mit den Geschundenen und friedlos Gehetzten; es gilt Gottes unbedingtes Ja zum Menschen. Nun wölbt sich über jeder Schicksalsstraße das Tor zum Leben, und jedes Kreuz wandelt sich – wie es immer wieder in den Katakomben dargestellt wird – zum Lebensbaum mit farbigen Blüten und köstlichen Früchten.

Ohne die Erlösung wäre die Welt eine Wüste der Hoffnungslosigkeit. Ohne den, der uns Gottes Liebe bezeugt hat, gliche unser Dasein einer Frage ohne Antwort, einem Weg ohne Ziel, einem Gefängnis ohne Tür, einer Sehnsucht ohne Erfüllung. Nun aber sind wir erlöst. Und der Künder der Frohbotschaft, welcher Menschwerdung, Karfreitag und Ostern in eins sieht, er ruft uns allen zu: „Freuen wir uns voller Jubel in Gott durch unseren Herrn Jesus Christus, durch welchen wir jetzt die Versöhnung empfangen haben."

Ins Innerste reicht nur der Trost Gottes. Gott bläst das Leid nicht weg, aber er hilft es tragen.

Jesus Christus spricht zu uns: Ich bin dein Herr und dein Gott; ich bin dein Bruder; ich bin die Liebe; ich bin der Grund jeglichen Vertrauens. Ich trage deine Schwächen, ich schütze dich in deiner Gefährdung. Ich sichere deine Unsicherheit ab, ich kann dich bewahren.

Während der Ferien war ich in einer der schönsten Kirchen unserer Heimat, in der Wieskirche bei Steingaden. Das Deckengemälde im Chorgewölbe zeigt eine Schar Engel, die dem himmlischen Vater die Werkzeuge entgegenhält, mit denen Jesus Christus gemartert wurde. Die Engel bitten gleichsam, der Vater möge allezeit auf das Opfer seines Sohnes schauen und um seinetwillen den Strom der Barmherzigkeit nie versiegen lassen. Ist dies nicht ein Bild für jenes Geschehen, das wir bei der Feier der Eucharistie begehen? Als Gläubige wissen wir doch, daß das Opfer des Heilands, das sich einmal in der Zeit ereignet hat und in Ewigkeit vor Gott gültig bleibt, daß dieses Opfer geheimnisvoll für uns geschieht, wenn am Altar die heilige Messe gefeiert wird. Und wir wissen weiterhin: Unsere Leiden stehen nicht beziehungslos neben der Passion Christi; sie sind viel mehr und anderes als eben Unheil, das man verwünscht. Gott nimmt auch unsere Leiden an und verwandelt sie zum Heil, wenn wir sie im Zeichen der Opfergaben mit der Hingabe seines gekreuzigten Sohnes vereinen. Trotz aller Bedrängnis unseres Lebens gilt die Wahrheit des Apostelwortes: „Wir aber dürfen uns rühmen im Kreuz unseres Herrn Jesus Christus. In ihm ist für uns das Heil, das Leben und die Auferstehung; durch ihn sind wir gerettet und erlöst."

Alles Große wächst im Leiden. Ohne Leiden gibt es keine Reifung. Vom Leiden aber will unsere Zeit am wenigsten wissen. Niemand erwartet, daß wir ‚gerne leiden'. Wir sollen nicht auf Selbstquälerei ausgehen, das wäre eine krankhafte Sucht; aber wir sollen es lernen, das Leiden für uns und andere fruchtbar zu machen.

Jeder Mensch hat schon gelitten, am Leib und an der Seele – wobei Leib und Seele ohnehin nicht zu trennen sind, denn der Mensch bildet eine leib-seelische Einheit. Leiden gehört zum Menschsein, und so können wir ihm nicht entrinnen. Unsere Freiheit dem Leiden gegenüber können wir allein dadurch verwirklichen, daß wir es annehmen. Lehnen wir es aber ab, sperren wir uns in Angst und Abwehr, wird Leiden nur zum quälenden Zwang.

Ein Mann, der nach einem Unfall monatelang im Krankenhaus lag und schwer gehbehindert geblieben ist, sagte mir: „Ich habe mich aufgelehnt bis zum Äußersten; weitergekommen bin ich damit nicht. Ich habe mich in passiver Geduld zu üben versucht; meine Schwermut ist dadurch nur noch größer geworden. Dann aber habe ich mich gefragt, was Gott denn von mir wolle. Und allmählich habe ich gelernt, daß ich wegkommen müsse von meinem leeren, oberflächlichen Leben. Nun habe ich einen neuen Weg gefunden, der sicherer zum Ziel führt als all die Wege, die ich selbst gewählt hatte."

Wer hinzuhören versteht, vernimmt im Leidensweg ungezählter Christen eine österliche Botschaft. Die Jünger des gekreuzigten Herrn erfahren schon etwas vom neuen Leben des Auferstandenen. Leiden und Kreuz sind ja niemals das Letzte; für den Glaubenden sind sie Schwelle und Übergang, Vorbereitung zur Teilhabe an der Fülle des Lebens. Der mit Christus Leidende geht den Weg, den der auferweckte Herr mit dem Wort gekennzeichnet hat: „Mußte nicht der Messias all das erleiden und so in seine Herrlichkeit eintreten?"

Der Weg zum wahren Menschsein ist ein dauerndes Sterben und Neuwerden, und gerade im Leiden kommt uns dies am eindringlichsten zum Bewußtsein. Auf die Leidenseinsamkeit zurückgeworfen zu werden, das ist für viele unrastige, ‚außengelenkte' Menschen heute oft noch die letzte Chance zum Innehalten und zur Umkehr. In Krankenhäusern, in Gefangenenlagern und an Gräbern spielt sich nicht nur das große Elend ab, sondern immer auch wieder das erhabene Drama der Neugeburt.

Was im angenommenen Leiden vor sich geht, ist ein Mysterium. Der Mensch kommt, zunächst vielleicht auf erschreckende Weise, zu sich selbst. Wer ist er? Eine ausgelieferte, abhängige Kreatur. Der Mensch, der seine Ausgeliefertheit im Leiden erfährt, kann darüber bitter werden, ja in Verzweiflung geraten, oder er kann, nimmt er die christliche Offenbarungswahrheit an, sich von der Liebe seines Schöpfers umfangen wissen; Gott selbst hat in seinem Sohn das Leiden auf sich genommen. Die Kreuzesnachfolge ist den Jüngern Jesu aufgetragen; wir können uns mit dem Kreuz Christi vereinigen. In diesem Schmerzensraum der Liebe erfahren wir die Wahrheit über das Menschsein. Das Nichtige zerfällt, das Große enthüllt sich. In der Entäußerung erfahren wir das Bleibende.

Wer Gott liebt, wer mit ihm und auf ihn hin zu leben versucht, für den ist nichts sinnlos.

Der blinde französische Primaner Jacques Lusseyran, aus christlichem Impuls Widerstandskämpfer gegen den hitlerischen Ungeist, wurde verraten und ins Konzentrationslager Buchenwald eingeliefert. Der junge Mann reifte dort zu einem Meister des inneren Lebens. Helfend, tröstend fand er im Lager eine neue Aufgabe. In seiner Autobiographie ‚Das wiedergefundene Licht' schreibt er: ,,Man muß darüber [über die Leiden] hinauswachsen. Etwas ergreifen, das größer ist als man selbst ... : durch das Gebet, wenn man beten kann, durch die menschliche Wärme, die von einem anderen kommt und die man ihm wiedergibt ... Warum mich selbst die Freude nie ganz verlassen hat, kann ich nicht erklären. Aber es war so: sie ließ mich nicht los."

Wir sollten alles bedenken, wofür wir Grund haben, dankbar zu sein. Ist es denn so selbstverständlich, daß wir täglich aufstehen und in Frieden unsere Arbeit verrichten; daß wir uns und anderen eine Menge Wünsche erfüllen können? Es liegt an unserer inneren Einstellung, ob wir all das würdigen. Ist es nicht schade, daß viele Menschen sich erst dann an das Gute erinnern – etwa an ihre gesunden Glieder und Sinne –, wenn es ihnen genommen ist? Zu diesem Guten sollten wir auch liebe Mitmenschen zählen; wollen wir denn ihren Wert erst nach ihrem Verlust dankbar schätzen?

Ich kenne einen seelenkundigen Arzt, der es seinen Patienten zur Pflicht macht, das Dankenswerte zu notieren und ihren Merkzettel immer bei sich zu tragen. Diese Liste, meint er, sei seine beste Medizin gegen krankmachende Schwarzseherei.

Vertrauend kann nur derjenige in die Zukunft hineingehen, der weiß, wieviel Gutes ihm widerfahren ist und wie er aus so mancher Dunkelheit wieder herausgeführt wurde ins Licht.

Es gibt ein probates Mittel, das unfehlbar hilft bei unserer Neigung, ein Riesendrama aus den eigenen Problemen zu fabrizieren: den Vergleich mit anderen Schicksalen. Ich erinnere mich aus Kindheitstagen an jene Legende von einem unter seinen Lebenslasten seufzenden Mann, der sein Kreuz nicht tragen wollte, sich aus den Kreuzen seiner Mitmenschen scheinbar viel leichtere aussuchte, jedes andere Kreuz aber noch drückender fand als das abgelegte und endlich erleichtert zu seinem eigenen Kreuz zurückkehrte.

… Und man sollte auch lachen können. Der große evangelische Theologe Karl Barth hat geäußert, zur Demut eines Christen gehöre auch dies, daß man sich selbst und seine Anstrengungen mit Humor betrachtet. Der Mensch ist ein Werdewesen, das sich erst entwickelt, und er wird immer wieder stolpern und versagen. Der Gläubige lacht über die menschliche Ohnmacht bei aller Anstrengung, weil er ja doch weiß, daß den ‚Rest' die Gnade besorgt. Wer über seine Armseligkeit lachen kann, über die Armseligkeit seiner geistigen Anstrengungen bis hin zur Armseligkeit seines Leibes, der hat die Demut gelernt, von der Karl Barth spricht. Der Hoffende kann lachen, weil er sich in seiner Unzulänglichkeit geborgen weiß in der nachsichtigen Vatergüte Gottes und weil er am Horizont die Vollendung, den Neuen Himmel und die Neue Erde heraufziehen sieht. Wir gehen auf Gott zu, und Gott kommt auf uns zu: als ob man da nicht über manches Unzulängliche und Widrige lächeln könnte!

Alle Lehrer des geistlichen Lebens wußten, daß es eine Heiterkeit auf Zukunft hin gibt. An ihr hat jeder teil, der im Innersten weiß, daß Gott die Welt in Händen hält, sich als Vater offenbarte und uns die Vollendung im ewigen, glückseligen Leben zugedacht hat.

Die Wege anderer erkennen wir oft als sinnvoll und bedeutsam, als groß und schön, aber beim eigenen Weg, da haben wir einige Bedenken anzumelden: Könnte man mich denn nicht entbehren?
Die deutschen und spanischen Mystiker haben Tiefstes darüber gesagt, nämlich: Das Leben jedes Einzelnen ist von Gott als ganz persönliches Leben gewollt und angenommen. Keiner ist geringwertig oder gar unwert, sondern vor Gott ist jeder Mensch einmalig wichtig. Und gerade darin erweist sich die Großartigkeit des Schöpfers,

daß er eine unübersehbare Fülle ins Leben gerufen hat ...
Ersetzbar ist der Mensch nur in seiner Arbeit, in seinen
Funktionen, nicht aber in seiner unwiederbringlichen
Wesenheit.

Vor Gott sind wir alle Geschöpfe mit leeren Händen.
Aber wir sind vor ihm auch Geschöpfe, die aufnehmen
können, was er ihnen an Gnade, an Nähe, gleichsam an
neuer Vitalität anvertrauen will. Gnade heißt: Gott reißt
unser enges Menschsein auf; wir dürfen uns in völlig neue
Weiten hinein entfalten. Der Mensch wird beschenkt mit
einer Fülle, die Paulus nur mit dem Bild des ,Versetzens'
andeuten kann: Wir sind versetzt vom Reich der Finsternis in das Reich des Lichts.

Für jeden, über dessen Stirn das Taufwasser fließt, gilt
das Wort, das Gott durch seinen Propheten zum Volke
Israel sprach: „Ich rufe dich bei deinem Namen; mein
bist du."
Wer getauft ist, der ist ein für allemal mit Namen gerufen,
herausgerufen aus der namenlosen Menge. Die Taufe ist
das Sakrament der Wiedergeburt. Der Wiedergeborene
gewinnt nahe Vertrautheit mit dem Urheber allen Seins;
er kehrt zurück zum Vater aus jener schmerzlichen Entfremdung, in die eine selbstherrliche Menschheit gefallen
ist. Nichts in der Welt kann den Namen des Menschen,
den Gott erwählt, jemals beeinträchtigen, ausgenommen
die Sünde. Diesen von Gott verliehenen Adel meint Leo
der Große, wenn er den Erlösten zuruft: „Christ, erkenne deine Würde!"
Sind das theologische Formeln? Aus unserem eigenen
Leben bekommen sie Leben. Wie können wir standhal-
ten in der Gleichgültigkeit der Menge, auch bei Anwür-
fen und vergeblichen Mühen, wenn wir nicht ein unver-
lierbares Selbstwertbewußtsein besitzen? Mag auch der

großen Welt ein Name nichts bedeuten, was verfängt's? Des Menschen Wert, dein Wert und mein Wert, besteht unverlierbar in der Liebe Gottes. Wir sind beim Namen gerufen; das genügt.

Der Schmerz kann blind und taub machen. Aber dann stellt sich oft ganz unversehens wieder eine erste Fühl-samkeit ein. Solch eine Erfahrung schilderte mir eine junge Frau, die durch einen Unfall ihren Mann verloren hatte. Beim Anblick eines flammenden Abendhimmels bewegte sie auf einmal wieder die irdisch-überirdische Schönheit der Schöpfung, und eine erste Zuversicht keimte in ihrem traurigen Herzen. Der ‚Trost der Dinge‘ rührte sie an.

Von diesem Trost der Dinge haben die Dichter viel ge-sprochen. So nennt etwa Hermann Hesse die Dinge, die ihm tröstlich sind, in einem Gedicht unter der Überschrift ‚Erquickung‘. Ihn erquickt „Ein Bach, der über Felsen springt, Ein Vogel, der im Dunklen singt, Ein Kind, das noch im Traume lacht, Ein Sternenglanz der Winter-nacht". Warum tragen wir Blumen an Krankenbetten? Doch in der Annahme, daß von ihrer Schönheit Trost ausgeht. Viele Menschen, vor allem Kinder und ältere Leute, werden durch ein Tier getröstet, das ihrer Für-sorge anvertraut ist und ihnen die Liebe durch Anhäng-lichkeit vergilt. Oder Trost kann die Kunst gewähren, zu-mal die Musik. David mußte dem schwermütigen alten König Saul die Harfe schlagen. Die Töne können die Schmerzverkrampfung lösen und vielleicht auch die hei-lenden Tränen hervorrufen.

Weit mehr als alle noch so schönen Dinge stützt uns aber der Trost guter Menschen: das aufrichtende Wort und die hilfreiche Hand oder einfach nur die schweigende

Nähe. „Erst in dunklen Stunden", so heißt es in einem Brief, „habe ich zutiefst erkannt, was meine Frau und meine Freunde mir sind. Ich wußte: ich bin nicht allein gelassen. Die anderen fühlen mit mir und begleiten mich. Ihr Verstehen, ihre Güte, ihre Liebe trägt mich."

…Und so widersinnig es klingen mag: Es gibt auch die tröstende Gemeinschaft der Trostsuchenden. Wie oft habe ich es als Seelsorger erlebt, daß ein Elternpaar, das ein Kind verloren hatte, sich an ein Paar mit gleichem Leid anschloß. Bei denen, die am selben Schmerz leiden, laufen wir nicht Gefahr, daß sie uns mit billigen Trostworten verletzen; sie wissen, wie uns zumute ist. Zugleich aber ist gemeinsames Leid gelindertes Leid.
Und auch dies ist wahr, was Marie von Ebner-Eschenbach versichert hat: Die Bedürftigkeit der Schwachen bildet den Halt der Starken. Viele ‚Schwache' aber wachsen über ihre Schwäche, über ihr Leiden, über ihre Not hinaus, weil die anderen sie brauchen; ihre Hilfsbereitschaft macht sie zu ‚Starken', zu Überwindern. – Ich denke hier zum Beispiel an die schwerleidende Schwester von Teilhard de Chardin, die einer Gemeinschaft vorstand, in der sich unheilbar Kranke gegenseitig stützten. Marguerite Teilhard konnte ihr eigenes Elend ertragen, indem sie anderen ihr Leiden tragen half.

Ein großer Schmerz macht uns groß, und zur großen Liebe ist nur ein Mensch fähig, der tief gelitten hat.

Aus dem Brief an eine Trauernde:
Unsere Toten sind nicht tot, so als wären sie uns entzogen, unerreichbar unserem Wort und unserer Liebe. In der Liturgie ist nicht von den Toten die Rede, sondern

von denen, „die im Tode vorangegangen sind". Auf dem
Weg zum eigentlichen Ziel sind sie ein Stück weiter. Ja,
wir glauben, im Vertrauen auf die göttliche Barmherzigkeit, daß sie schon nahe bei Gott sind. Jedenfalls dürfen
wir für sie bitten, daß Gott sie zu sich nimmt, und wir
dürfen sie, diese Gottnahen, umgekehrt um ihre Fürbitte
angehen. So findet fortwährend ein Liebesaustausch
statt. Unser Wort dringt zu den Vorangegangenen; wir
treffen Entscheidungen in ihrer Gesinnung; wir betrachten sie als einen ‚Schatz im Himmel', der uns reich macht
und uns auch ein Trost im Sterben sein kann. Der geliebte
Mensch ist schon am endgültigen Ziel; ich komme, ich
folge ihm.

Zeit und Ewigkeit sind ineinander verschlungen; zwischen dieser und jener Wirklichkeit hängt nur ein dünner
Schleier. Unsere Liebe dringt hindurch. Liebe kann nicht
sterben. Sie wird verewigt durch die Ewigkeit.

Denen, die eine lange Wegstrecke hinter sich haben, fällt
die Annahme ihrer selbst oft bitter schwer, denn man
wünscht so manches ungeschehen. Man hat bedauerliche
Entscheidungen getroffen, die man nicht mehr rückgän-
gig machen kann. Und dann stellt sich die Frage: Nehme
ich mein Leben an, wie es gelaufen ist – ohne daß ich
träge mein Vollkommenheitsstreben aufgebe –, oder ha-
dere ich unablässig mit meinem Schicksal? Wir alle kennen solche Menschen, die nur zurückgewendet leben.
Doch wer auf dem Weg ist, der muß auf die Zukunft hin
leben, denn wir sind auf dem Weg zu Gott und nicht auf
dem Weg nach rückwärts. Übersehen wir auch nicht, daß
manche Fehlentscheidungen fruchtbare Erkenntnisse
und den Willen zum Neuwerden in uns wachriefen. Es
gibt niemals *nur* Negatives.

Die Heilige Schrift sagt uns, daß kein Mensch ohne Schuld und Sünde ist. Jeder muß in irgendeiner Weise mit einem Riß, einem Stachel, einer Wunde leben – sei es mit einer Fehlentscheidung, einem erlittenen oder begangenen Unrecht, einer schwerlastenden Sünde –, und jeder muß sich damit auseinandersetzen und damit fertig werden. Wir leben nicht nur im großen Heilszusammenhang, sondern wir müssen auch das seit dem ersten Menschenpaar vorhandene Unheil mit aufarbeiten: etwa Krankheit, seelische Leiden, Irrungen, Wirrungen bis zum Tode hin. Das sind wirklich Folgen einer ‚Wurzelsünde‘, wie man sie auch im einzelnen deuten mag. Demnach bleibt es uns aufgegeben, das Verwundende, Leidvolle, das Sündhafte einzukalkulieren in den zeitlichen Weg. Aber entscheidender als diese Erfahrung ist die überwältigende Wahrheit: „Wenn unser Herz uns verurteilt – Gott ist größer als unser Herz, und er weiß alles.“

Meine Vergangenheit lebt in mir weiter. Ich sehe zurück auf viele Freuden, auf gesegnete Leiden und auf unvergeßliche Errettungen, die Dankbarkeit in mir wachrufen. Zugleich aber bedrängt mich aus der Vergessenheit meine Schuld, meine Sünde, mein Versagen. „Kein Mensch kann seine Taten leugnen, weil sie ihn formen und zu dem machen, was er ist“, schreibt ein Theologe unserer Tage. Doch fährt er tröstlich fort: „Dennoch ist dem gottliebenden Menschen die wunderbare Macht gegeben, selbst den Unwert einer sündigen Tat noch nachträglich in einen Wert zu verwandeln und damit die vertanen Möglichkeiten seines Lebens als Quellen der Gnade zu erschließen.“ Mein Unrecht oder mein Versagen kann ich bereuen und daraus eine neue Hingabe an Gott gewinnen als Liebesantwort auf sein vergebendes Erbarmen.

Warum heute diese eigenartige Fluchtbewegung weg vom Sakrament der Buße? Dieses Sakrament ist doch ein so tröstliches Geschenk. Es bedeutet ja jene beglückende Wirklichkeit und Erfahrung, daß ich zum rückhaltlos liebenden Christus kommen und von ihm Vergebung erhalten darf. Jesus selbst sucht den ‚unanständigen Menschen‘, den Menschen, der sich nicht wie der Pharisäer für wohlanständig hält. Er geht zum sündigen Zöllner, zur Dirne, zum Ausgestoßenen, zur Randexistenz. Gerade die Armseligen sollen Christen werden und erfahren dürfen, was es Großes ist, nicht Knecht zu sein, sondern Sohn und Tochter im Hause Gottes.

„Habe ich einen rechten Kummer und eine verstaubte Seele", gestand mir ein hochgebildeter Mann, „dann mache ich mich an einem Werktag frei und wandere auf einsamen Wegen an einen Marienwallfahrtsort in unserer Nähe, stecke eine Kerze an und knie mich unter die Bauersleute. Wie gut tut mir dieser Ort, an dem schon so viele gebetet haben, und wie gut tun mir diese Frommen, die mich in ihrer Gläubigkeit tragen! Der Dreifaltige Gott kennt meine Not und meine Schuld; so braucht's nicht viele Worte. Ich versuche, vor ihm still zu werden und mein Inneres zu ordnen. Und zuversichtlich wende ich mich auch an die Mutter des Herrn und sage: Bitte für mich und führe mich zu deinem Sohn! Hernach ziehe ich meinen Rosenkranz heraus und falle ein in das Gebetsgemurmel um mich her. Ich liebe das Rosenkranzgebet; heute wird soviel von Meditation gesprochen, als sei's eine neue Entdeckung: warum nicht auch diese schöne, uralte Meditationsform wieder pflegen? – Schließlich schelle ich einem gütigen Pater, vor dem wohl schon Brandstifter, Dirnen und Mörder ihr Bekenntnis abgelegt haben, und empfange dankbar das Bußsakrament. Ehe ich den Heimweg antrete, setze ich mich frohgemut ins Gasthaus, verzehre ein Vesperbrot und trinke dazu in feierlicher Stimmung ein Glas Wein, befriedet bis auf den Grund der Seele."

Die Reue ist die niemals vergebliche Liebesantwort auf das verzeihende Erbarmen des geduldigen Gottes.

Wie immer auch die Verhältnisse sein mögen: eine unglückliche oder eine zerbrochene Ehe oder die Wiederverheiratung eines Geschiedenen kann ein furchtbar schwerer Block auf dem Lebensweg sein. Keiner kann ihn auf die Seite wälzen, und doch besteht kein Grund zur Verzweiflung. Eine wichtige Hilfe in einer solchen Notlage ist das vertrauensvolle Gespräch mit einem erfahrenen und einfühlsamen Seelsorger. Wenn sich dabei auch nicht alle Schwierigkeiten wegräumen lassen, so erweist sich doch in gemeinsamer Überlegung, wie die nächsten Schritte sein könnten. Oft wird einer in einem solchen Gespräch seine Schuld entdecken. Die Reue, die dann in ihm wächst und ihn zum vergebenden Gott drängt, ist mehr als ein bloßes Bedauern des Vergangenen. Sie macht ihn fähig, den Rat eines geistlichen Weisen, des Franzosen Pierre de Caussade, in sich aufzunehmen. Caussade sagt: „Man muß die Vergangenheit der großen Barmherzigkeit Gottes überlassen, die Zukunft seiner Vorsehung, die Gegenwart aber müßt ihr ganz der Liebe Gottes anheimgeben."

Manche stellen sich Gott als bösartigen Aufpasser vor, und früher wurde in Predigten wohl auch einseitig die Angst vor Gott hervorgehoben. Damit ist aber für viele Menschen die Freude an Gott verlorengegangen. Und wenn man ihnen verkündet: Gott kommt, Jesus kommt am Jüngsten Tag oder kommt im Tod auf den Menschen zu, dann verbinden sie diese Frohbotschaft nur mit der Angst vor dem Gericht. Jesus hat aber nicht gesagt: Wenn ich komme, dann zieht das Genick ein, nein, er hat gesagt: „Wenn das alles geschieht" – nämlich die Erneuerung der Welt durch Katastrophen hindurch –, „dann erhebt eure Häupter, denn eure Erlösung naht."

Gott ist ein Gott der Freude. Ostern bedeutet doch, daß jeder Gläubige, der sich mit Christus verbündet und also im Bunde Jesu lebt, die sichere Zuversicht haben darf: Mir ist ein Neubeginn geschenkt. Ich brauche gar nicht auf das zu sehen, was verdorben, was tot ist; ich darf vielmehr auf das sehen, was vor mir liegt. Paulus läßt keinen Zweifel über den Ernst des Glaubens. Aber er, der ehedem Christen verfolgt hat und am Tod des Stefanus mitschuldig ist, sagt doch mutig und vertrauensvoll: „Ich vergesse, was hinter mir liegt, und strecke mich aus nach dem, was vor mir liegt." Er quält sich nicht mit Vergangenem, er glaubt der Vergebung.

Verdammung ist stets Selbstverdammung, eigener Ausschluß von der Huld und Liebe des Dreifaltigen Gottes. Gott schließt keinen aus, der zu ihm kommen will und in dem auch nur noch ein Funken von Sehnsucht und gutem Willen lebt.

Wir dürfen, ja wir sollen auch mit uns selber geduldig sein. Gott verlangt nichts Unmögliches von uns.

Zu allen Zeiten hat es ein Generationenproblem gegeben, aber die Spannungen in den Familien sind heute besonders groß, weil wir einen ungeheuren Umbruch erleben, der viele für gültig gehaltene Werte in Frage stellt.

Die Art, in der die Jugend ihren Weg in die Zukunft sucht, erscheint der älteren Generation oft wie die bare Aufsässigkeit oder wie schnöder Undank. Viele Eltern leiden fast verzweifelt unter den Gegensätzen. Manche Erzieher zerfleischen sich auch mit Selbstvorwürfen, wenn die Kinder Erfahrungen machen, die sie ihnen gerne erspart hätten.

Die Dinge liegen von Fall zu Fall verschieden, doch allgemein läßt sich sagen: Kinder sind anvertrautes Gut, und es kommt unweigerlich der Augenblick, da wir sie freigeben müssen. Sie sind nicht dafür da, unsere Wünsche einzulösen oder gar unseren Ehrgeiz zu befriedigen; sie sollen nach ihrem Wesensgesetz zu sich selber finden und als Mündige ihrem eigenen Gewissen folgen.

Verzagen wir doch nicht: wir sind ja immer noch mächtig in unserer Ohnmacht! Uns bleibt die Fürbitte und das Vertrauen, daß Gott aller Menschen Wege kennt und auch unsere so ‚selbständige' Jugend mit seiner Huld beschenkt. – Gerade in der letzten Zeit habe ich es wiederholt erlebt, wie junge Leute, die sich ziemlich rigoros von daheim gelöst hatten, wieder zu ihren – klug und geduldig wartenden – Eltern zurückfanden. Eine neue, eine gereifte Herzlichkeit verbindet nun die Jungen und die Alten.

Manch einer kommt nicht darüber hinweg, daß er es nicht weit gebracht hat, daß er „bloß zum Durchschnitt" gehört. Einen geltungshungrigen Mann hörte ich einmal mit einem Anflug von Humor seufzen: „Ein Adler meinte ich zu werden und bin ein Spatz geblieben!" Als ob ein Spatz nichts wäre! Ihn liebt sein Schöpfer so sehr wie den Adler – hätte er ihn sonst ins Leben gerufen und darin erhalten?

Ein Dasein wird niemals ‚gewöhnlich', wenn es sich mit den Absichten deckt, die Gott mit uns vorhat. *Darauf* kommt es an, daß unser Leben übereinstimmt mit unserem Wesen und daß wir jenes Programm erfüllen, das Gott uns stellt.

Viele trauen sich wegen irgendwelcher Enttäuschungen nicht mehr recht, schon bestehende Bindungen weiterzupflegen oder neue einzugehen. Gaukelte ihnen ihre Phantasie ein Wunschbild vor, das sie an einen lebendigen Menschen herantrugen, der diesem Bild nicht entsprechen konnte? Ließen sie sich bislang von Blendern imponieren? Verwendeten sie ihre Zeit auf unfruchtbare Beziehungen, in denen kein Leben pulste, die nur formale Routine oder Konvention waren? Nun, ‚leere‘ Beziehungen sollten wir nicht weiterpflegen, denn mit einem Weiterschleppen ist auch den anderen nicht gedient. Aber resignieren wir nicht wegen sogenannter enttäuschender Erfahrungen. Wenden wir uns, reifer und einsichtiger geworden, wieder den vertrauten Menschen und auch neuen Begegnungen zu. Für das geistgetriebene, weitersuchende, fragende und hungernde Dasein gilt, was ein afrikanisches Sprichwort sagt: „Der Mensch ist die beste Medizin für den Menschen."

Der Sinn des Daseins, vor allem im Alter, ist nicht immer parat, nicht immer gleich deutlich ablesbar. Das darf aber kein Grund zur Beängstigung, zur Resignation sein. Auch wenn der Sinn nicht immer so offenkundig ist, als stünde er wie ein Spruchband über unserem Leben, heißt das doch nicht, daß keiner da wäre. Der Sinn wandelt sich, der Sinn vertieft sich, der Sinn ist manchmal auch verdunkelt. Wir dürfen jedoch gewiß sein, daß Gott dem Leben einen Sinn gibt. Wollte Gott das Leben nicht, dann würde er es auch nicht erhalten. Wir sind unterwegs zu Gott; allein schon dieser Umstand verleiht jedem Tag und jeder Stunde ihren Sinn.

Auch das Leiden der Tiere zählt zu jenen schmerzlichen Rätseln, über die nachdenkliche und feinfühlige Menschen oft nicht hinwegkommen. Ein alter Mann, dessen Hund jämmerlich zugrunde gegangen war, schrieb an mich in seinem Kummer. Ich gab ihm folgende Antwort:

Nein, ich halte Sie nicht für sentimental, wenn Sie mir den Tod Ihres Hundes so erschüttert schildern und darüber klagen, daß Sie und Ihre Frau in ihm den Gefährten Ihrer alten Tage verloren haben. Der bekannte Theologe und Schriftsteller Joseph Bernhart hat ein ganzes Buch über das Tier und sein unschuldiges Leiden geschrieben (Die unbeweinte Kreatur). Darin erzählt er, ähnlich wie Sie, vom Gifttod seines Hundes, der im qualvollen Sterben eine ,,Veredelung innerhalb der Grenzen seiner Wesenheit'' erfuhr. Und er fragt sich: ,,Ob das Tierleiden schlechthin nur die bare Qual ohne Sinn und Zweck sein könne, wenn es sich schon im leiblichen Ausdruck als eine Art Erhöhung erwies?'' Und ,,auf welche Weise den unzählbaren Individuen des Tierreiches Gerechtigkeit widerfahren wird''?

Wir dürfen uns an das Wort des Apostels Paulus halten: ,,Auch die Kreatur seufzt und harrt auf die Erlösung.'' Der wiederkommende Herr wird den ganzen Kosmos in sein Erlösungswerk einbeziehen; so gehört zum Neuen Himmel und zur Neuen Erde auch die Tierwelt. Wagen Sie darauf zu vertrauen – und ich vertraue mit Ihnen darauf –, daß Sie in der ewigen Seligkeit alles wiederfinden, was auf Erden ein Vorgeschmack des Paradieses für Sie war, also auch die Wesenheit Ihres geliebten Hundes.

Ihre Frau ist evangelisch – freuen Sie sich mit ihr an einem Wort Luthers, das dessen kindlich-fromme Seite so liebenswürdig widerspiegelt: Auch die ,Belferlein' werden in den Himmel kommen.

Der alte oder kranke Mensch, der noch teilnimmt an seiner Umwelt, der zuhören kann, der Güte ausstrahlt, der seine Beschwerden geduldig trägt – dieser scheinbar Untätige vollbringt eine sittlich-religiöse Leistung, ohne die wir alle ärmer wären.

Wie sehr der Mensch das Bild braucht und wie es ihn stützt, ging mir mit neuer Eindringlichkeit auf, als ich die Todeszellen im einstigen Konzentrationslager Auschwitz sah. Der ehemalige Häftling, der durch die unterirdischen Räume führte, zeigte mir die einzigen Bilder an diesem schauerlichen Ort: ein Bild des Kreuzes und ein Herz-Jesu-Bild, das die zum Tode Verurteilten mit ihren Fingernägeln in die Wand gekratzt hatten. Beide Darstellungen geben noch heute davon Zeugnis, an wen sich die Geschundenen in den letzten Nächten der Verzweiflung gewandt, mit wem sie in der Verlassenheit gesprochen und auf wen sie zuletzt ihren Blick gerichtet haben.

Jesus sagt: „Ich gehe hin, euch ein Heim zu bereiten." Im Glanz des ewigen Vaters, dort ist auch das Ziel all unserer Wege, das Ende all unserer Kämpfe, die Erfüllung jeglicher Sehnsucht. Das ist die Frohbotschaft für alle, die im Kampf und im Ringen mit sich selbst und mit der Unordnung der Welt stehen. Das ist der Trost für jeden, der Armut und Not und Tod leidet in dieser Welt. Das ist die Kraft für alle, die sich mühevoll vorwärtskämpfen durch ihre allzu kalte oder durch ihre allzu heiße Natur zum ewigen Leben. Das ist das Fundament der Hoffnung für jeden, der keinen Ausweg mehr sieht. Das ist der Aufschwung für alle, die mutlos sind und unterwegs zu verzagen drohen.

Im Glauben wachsen

Das Christsein ist nicht fertig vorgegeben. Eher ist es ein Christ*werden*. Erst allmählich wachsen wir in das Mysterium der Christusgemeinschaft hinein. Dabei durchläuft der Mensch in der Regel die Phasen der Erkenntnis und Verwirklichung, die seinem jeweiligen Alter entsprechen, wobei es Rückschläge und auch zeitweilig Stillstand im Wachstum gibt. Und so erlangen wir Schritt für Schritt, durch allerlei Wechselfälle hindurch, das „Vollalter Christi", vorangetrieben von unserem guten Willen, erfüllt und ermutigt von der Gnade.

Bei diesem Wachstum ist es besser, einer stellt sich bescheidene Ziele, statt daß er alles in einem Anlauf erreichen will.

Der Mensch ist der, der sein Unvermögen erfährt oder, christlich gesprochen, seine Erlösungsbedürftigkeit. Der Mensch verlangt nach Heil, er verlangt nach Geborgenheit, er verlangt nach der Gesamtheit seines Lebensganzen, er verlangt nach Fülle.

Der Mensch gewinnt in aller Unrast erst einen hellen Innenraum und eine wahre Mitte, wenn er seine Gottbezogenheit anerkennt und verwirklicht. Gott ist aber nicht ein personloses Es, er ist gerade jenes persönliche Du, dessen der Mensch so sehr bedarf.

Der Christ kann sich definieren als ein Mensch, der sich von Gott geliebt weiß. Ich bin geliebt! – das ist die eigentliche christliche Erfahrung.

Wer es wagt und sich mit Jesus Christus einläßt – nicht nur einmal mit Zögern, mit Vorbehalt, sondern immer wieder in aller Unbedingtheit –, in dem wächst die Erkenntnis: Ich bin nicht bloß ein Fragender, es gibt auch die Antwort; ich bin nicht allein ein Suchender, es gibt auch ein Ziel; ich bin nicht nur Treibsand der Geschichte, es gibt auch das Fundament, denn ich bin wirklich geliebt. Zu diesem Bewußtsein gelangen wir nicht durch eine Einbildung; dazu gelangen wir durch die Erfahrung der entscheidenden Wahrheit. Diese Wahrheit kann uns tragen und – um es mit einem biblischen Wort zu sagen – „unsere Augen leuchtend machen".

Ein fruchtbares Glaubensleben läßt sich nicht im Schnellverfahren erreichen. Schritt um Schritt, Stufe um Stufe muß einer vorwärtszukommen trachten. Das geht nicht von selbst munter voran. Bedenken wir, daß das lateinische Wort für Glauben, *fides,* zugleich Vertrauen und Treue bedeutet. Ich habe mir hierzu die Äußerung eines geistlichen Lehrers gemerkt; er sagte: Wenn etwas charakteristisch ist für ein gläubig geprägtes Leben in der Gegenwart, dann ist es die ausharrende und trotz aller Widerstände durchgehaltene Treue.

Geduld und geduldig sind Kernworte des Alten und des Neuen Testamentes. Nur weil Gott geduldig ist, kann auch sein menschliches Ebenbild geduldig sein. Paulus nennt den Schöpfer, Erhalter und Erlöser der Welt den „Gott der Geduld". Geduld tut den Christen not, damit sie den Willen Gottes erfüllen können, in der Nächstenliebe und im Dienst an der Welt. Ihre Glaubensgeduld aber soll durch alle Drangsale „festbleiben bis ans Ende". So werden sie „ihre Seelen retten", nämlich die Verheißung erlangen.
Als Beispiele für die Geduld verweist das Evangelium auf die Propheten und alle Heiligen. Doch das eine große Vorbild ist der menschgewordene Gott selbst. Jesus Christus hat mit jedem Menschen Geduld gehabt, zumal mit den Sündern und Verachteten; und in äußerster Ge-

duld, Ausfluß der äußersten Liebe, hat er sich für die Gesamtmenschheit hingegeben. Der Geduldige erwarb uns das ewige Leben.

Auch Menschen, die sich als standhafte Christen erweisen, ‚besitzen‘ den Glauben nicht; sie erringen ihn täglich neu. Es gäbe weniger Mißverständnisse, wenn wir vom Christen sagten: er wagt sein Leben auf Gott hin – auf einen Gott, den ihm der brüderliche Gottmensch bezeugt hat. Gott ist der Unbegreifliche auch für den Christen, und dieser kann Gott nur ‚Vater‘ nennen, weil Christus ihn so nennt.

Die Bibel bezeugt uns Gott als den verborgenen Gott, den wir uns zwar in Bildern nahebringen dürfen, der aber alle Bilder übersteigt. In der Schöpfung tut er sich der natürlichen Erkenntnis kund, doch Gott deckt sich nicht mit seinem Werk; er selbst *ist* nicht sein Werk. Der Glaube des Alten Bundes stützt sich auf die Schöpfung und die Propheten, der christliche Glaube aber baut zuerst auf den Gottessohn, der uns als Mensch die Liebe Gottes sichtbar gemacht hat. Jesus Christus kann sagen: „Wer mich gesehen hat, der hat den Vater gesehen.“

Die Bibel bietet nicht nur, wie Goethe erklärt, „mehr als jedes andere Buch Stoff zum Nachdenken“; sie erschließt uns die tiefste Wirklichkeit, weil sie uns einbezieht in die befreiende Geschichte Gottes mit den Menschen. Erst indem er angesprochen wird wie das Kind von der Mutter, wie der Liebende vom Geliebten, reift der Mensch zu der Persönlichkeit, die er nach des Schöpfers Willen sein soll. Gott läßt uns durch sein Wort die Stimme jener Liebe vernehmen, die unser Dasein letztlich lebenswert macht.

Bei dem russischen Religionsphilosophen Dimitrij Mereschkowskij, 1941 als Emigrant in Paris gestorben, habe ich dieses Bekenntnis zur Bibel gefunden:
„Täglich habe ich das Neue Testament gelesen, und ich werde es lesen, solange meine Augen sehen können...: im Glück oder im Unglück, in gesunden oder in kranken Tagen, in gläubiger oder in verzweifelter Stimmung, im Aufschwung der Seele oder in der Depression. Immer ist mir, als lese ich etwas ganz Neues, etwas bisher Ungeahntes, etwas, das ich niemals bis in seiner Tiefe ... werde durchdringen können. – Der Goldschnitt meines Buches ist abgegriffen, das Papier ist vergilbt..., einige Blätter sind lose, es müßte gebunden werden; aber ich schrecke vor dem Gedanken zurück, mich auch nur ein paar Tage davon zu trennen ... Was soll man mir in den Sarg mitgeben? Die Bibel. Womit werde ich auferstehen? Mit der Bibel? Was habe ich auf Erden vollbracht? Ich las die Bibel."

Was an Größe, Freiheit und Reichtum in der Heiligen Schrift enthalten ist, geht uns manchmal plötzlich wieder auf, wenn wir den Notschrei von Mitmenschen hören, die abseits vom Evangelium Lebenserfüllung suchen.

Glauben bedeutet kein trübes Ahnen oder verschwommenes Empfinden. Der uns geschenkte Glaube vermittelt nicht etwa ein vages Abhängigkeitsgefühl von einem höheren Wesen. Im Glauben erkennen wir vielmehr die Wahrheit, die sich nicht von unten her ergibt, sondern die von oben, von Gott selbst, erschlossen wird. Im Glauben erhalten wir gleichsam neue Augen. Mit ihnen erkennen wir Wirklichkeiten, Werte und Tatsachen, die dem Ungläubigen verborgen bleiben. Erkenntnis leuchtet hier auf; Horizonterweiterung tritt durch den Glauben ein.

Der Glaube hat einen eindeutigen Inhalt, an dem wir in einer Zeit mannigfacher Verwirrung und Unsicherheit getrost festhalten. Was wir im Credo in klar umrissenen Formen bekennen, das ist unser Glaubenswissen, das wir als Geschenk erhalten haben. Wir wissen, daß Gott uns in Christus das ewige Leben und die Vergebung gewährt. Wir wissen vom Ziel der Welt und des einzelnen Lebens, vom letzten Gericht und von der Auferstehung des Fleisches, vom Neuen Himmel und von der Neuen Erde. Das alles ist nicht das Produkt von Vermutungen, von Spintisierereien oder das Ergebnis einer geheimnisvollen Wissenschaft. Und wenn die Theologie unserer Zeit die Ausdrucksformen und auch einzelne Worte des christlichen Glaubensbekenntnisses neu befragt, was sie denn aussagen wollen, was ihr eigentlicher Inhalt sei, dann geschieht das nicht, um einen neuen Glauben zutage zu fördern. Dann geschieht das, weil der geistliche Kern der jeweiligen Aussagen freigelegt und dem Verständnis des heutigen Menschen nahegebracht werden muß.

Ein Missionar berichtete, er habe bei ganz einfachen Afrikanern die schönste Übertragung für unser deutsches Wort Glaube gefunden. Sie lautet: „Ich nehme mein Herz in beide Hände und gebe es dir." Genau darum geht es. Diese tägliche Hingabe des eigenen, oft zappelnden und widerspenstigen Herzens, das ist der Anfang dessen, was Paulus in seinem reifen Glaubensverständnis so ausgedrückt hat: „Ich lebe, doch nicht ich, sondern Christus lebt in mir." Wer glaubt, der gibt sein Ich dem rufenden Gott in Liebe und bedingungslosem Vertrauen hin. Je treuer wir solche Hingabe einüben, desto mehr werden wir erfahren, welch tiefe Begegnung mit dem Herrn und Erlöser sich im Glauben ereignet.

Glauben ist Annehmen der Freundschaft Gottes, ist Eingehen auf das Angebot der Lebensgemeinschaft mit Gott. Gottes Freund sein heißt: nach all dem trachten, was er will; verweigern, was er ablehnt, und in eigener Freiheit das wollen, was ihm gefällt. Weder unsere Erbärmlichkeit noch unsere Fehler und Sünden, nichts soll den Blick solcher Liebe hemmen; denn durch den Glauben ist uns das Wissen geschenkt, daß Gott den Blick seiner Liebe auf uns ruhen läßt.

Erinnern wir uns an Abraham, den man oft als ‚Vater des Glaubens' bezeichnet. Immer wieder aufs neue stellte ihn Gott auf die Probe, wie es in der Schrift wörtlich heißt. Heimat und Familie, Wohlstand und Sicherheit mußte er verlassen und mit dem unruhigen Nomadenleben vertauschen. Dann wird ihm trotz seines Alters und trotz der erwiesenen Unfruchtbarkeit seiner Frau ein Sohn geschenkt, und schließlich soll er ausgerechnet diesen Sohn, der als Erbe der Verheißungen Gottes gilt, aus Gehorsam zum Opfer hingeben. Immer wieder stößt Gott seinen treuen Knecht Abraham sozusagen vor den Kopf, und gerade in diesen Bewährungsproben wächst sein Glaube zu jener Größe, die für Jahrtausende zum Vorbild geworden ist.

Aus dem Neuen Testament sind uns eine ganze Fülle ähnlicher Glaubensschicksale bekannt. Denken wir bloß an die Jünger Jesu und ihre drangvolle Lage, als sie die Katastrophe von Golgota durchhalten mußten, diesen völligen Zusammenbruch ihrer Erwartungen. Und wer nur einen kleinen Einblick hat in den Lebenslauf, in die seelischen Kämpfe vieler Heiliger, der wird nicht mehr meinen, der Glaube sei ein sanftes Ruhekissen.

Mit dem Gebet muß sich die Bereitschaft zur Hingabe an Gott verbinden, jene Haltung also, die dem Willen Gottes in allem den Vorrang läßt – auch wenn es schwer ist und Opfer kostet. Diese Einstellung gehört zu den wichtigsten Vorbedingungen, damit sich der Glaube vertiefen und entfalten kann. Glaube ist kein ästhetisches Genießen der Nähe Gottes. Immer wird ein gläubig geformtes Leben zwei Seiten haben: eine beglückend-schöne wie auch eine strenge und anstrengende. Henry Newman sagte, wir könnten sicher sein, daß wir vom Weg, der zum Leben führt, abgeirrt sind, wenn wir uns im Schönen ausleben und das Herbe beiseite lassen. Wer gläubig leben will, der muß geradezu himmlischen Ehrgeiz aufbringen.

Keiner sollte sagen, ich kann einfach nicht recht beten; man muß es immer wieder aufs neue versuchen. Wir sollten auch nicht einwenden, wir hätten schon genug um unseren Glauben oder um den gefährdeten Glauben der Kinder und Heranwachsenden gebetet. Das Argument, bis jetzt habe es nicht geholfen, zählt vor Gott nicht. Zur verzagenden Mutter des heiligen Augustinus, die jahrelang scheinbar vergeblich um die Bekehrung ihres Sohnes gebetet hatte, sagte Bischof Ambrosius: „Nur keine Sorge, liebe Monika, ein Sohn so vieler Gebete geht nicht verloren."

Das tiefste Nachdenken ereignet sich im Gebet. Tausend Schwierigkeiten gibt es im Leben, die man einzig im Gebet klären und meistern kann, wenn das persönliche Gewissen sich auftut vor dem unbestechlichen Gott.

Eine Neuwerdung geschieht nur dann, wenn wir unermüdlich vorwärtsschauen und vorwärtsdrängen, damit unser Dasein mehr und mehr dem Willen Gottes entspreche. Indem wir Gottes Willen tun, verwirklichen wir uns selbst und erreichen wir unser letztes Ziel. Der langmütige Gott läßt uns Chancen. An uns, an unserer entschiedenen Freiheit aber liegt es, diese Chancen wahrzunehmen, in beharrlicher Geduld und in Dankbarkeit.

Noch immer war es in der Kirchengeschichte so, daß sich der Glaube des einen an der Glaubenskraft des anderen emporrankte. Kein Mensch kann auf die Dauer allein glauben. Er braucht die Gemeinschaft, die ihn stützt.
Der Christ soll in der Gemeinschaft der Liebe, die Jesus Christus als Kirche gegründet hat, zur Entfaltung und zur schöpferischen Lebensweise kommen.

„Jeder muß *seinen* Weg zu Gott gehen", hat Papst Paul VI. gesagt. Es kommt dabei einzig auf die Gelöstheit, die Ruhe, die Wendung nach innen und zum Ganzen des Lebens an. Also nicht normieren, sondern probieren!

Was bedeutet die Verkündigungsbotschaft an Maria? Den eigentlichen Kern des Lukas-Berichtes bildet nicht nur die Erwählung der Jungfrau Maria zu einem besonderen Dienst; es wird uns vielmehr vor Augen gestellt, daß damals die neue Zeit anbrach, in der Gott die größte Tat in seiner Geschichte mit den Menschen zu wirken begann. Der Augenblick war gekommen, in dem die Welt zu ihrer Sinnerfüllung hindrängte.
Das an Maria gerichtete Wort enthält zunächst eine Freudenbotschaft. Was als Geheimnis seit ewigen Zeiten unausgesprochen war, wie der Apostel Paulus sagt, das

sollte nun erfahrbare Wirklichkeit werden. Gott spricht
für immer sein Ja zu uns Menschen. In Liebe will er den
Menschen, der ihm so eigenwillig davongelaufen ist, wieder einholen, um den Bund des ewigen Lebens mit ihm
zu schließen. Die Würdenamen, die dem Kind Jesus nach
dem lukanischen Text zukommen, tun das einhellig
kund: Gott selbst ist in Jesus mit den Menschen; Gottes
Geist bewegt und erfüllt das Dasein Jesu; in Jesus sollen
alle Menschen, die guten Willens sind, die Kraft und
Treue Gottes sichtbar wahrnehmen.

Gott überrumpelt den Menschen nicht; keinen verge-
waltigt Gottes Handeln. Maria, die in der Verkündi-
gungsstunde stellvertretend für uns alle steht, wird mit
göttlicher Vornehmheit gegrüßt und behutsam gefragt.
Die Jungfrau überlegt und fragt zurück; Gott will ja keinen Muß-Partner, er will sich mit dem sich in Freiheit
entscheidenden Menschen verbünden.
Im Gegensatz zu den vielen, die dem anrufenden Gott
ihr Wenn und Aber oder gleich ihr Nein entgegengesetzt
hätten, war Maria antwortbereit und willig. In ihr und
durch sie gab die Menschheit bejahende Antwort auf das
Ja Gottes zum Menschen. Durch ihre Zustimmung kam
es zwischen Gott und Mensch zum untrennbaren Bünd-
nis. Von diesem einzigartigen Augenblick an sind Gott
und Mensch nicht nur in Liebe verbunden: jetzt werden
sie eins im Sein. Gott und Mensch vereinen sich in der
Person des Gottmenschen, der unser Erlöser und Bruder
wurde. Gott nahm Menschengestalt, nahm Knechtsge-
stalt an, damit der Mensch vergöttlicht werde.

„Wir tun gut daran", so schließt ein Priester seine Meditation über die lukanische Verkündigungsszene, „wir tun
gut daran, das Ave Maria zu sprechen, das der Himmel

zuerst gesprochen hat." Und er setzt hinzu: „Wir tun gut daran, in ihrer Nähe zu bleiben, um bei ihr zu lernen, unser Ja zu sagen, wo Gott uns das Heil anbietet."

In einer Variation der alten Lauretanischen Litanei heißt es: Maria sei die „Schwester unseres Glaubens"; das Spiegelbild dessen, was uns bei Gott erwartet; die Hoffnung aller, die noch auf dem Wege sind; die Mitpilgerin auf den Straßen des Glaubens.

Wir ehren und verehren in Maria die Heilige aller Heiligen. Wir halten uns an ihr Glaubensvorbild und vertrauen auf ihre Fürbitte.

Die Heiligkeit ist durch die Menschwerdung Gottes erfahrbar, sichtbar geworden; sie ist uns nahegekommen. Da der Heilige sich in Christus der Welt hingegeben hat, sind wir zur Heiligkeit berufen.

Die Berufung zur Heiligkeit bezeichnen wir meistens mit dem Begriff ‚Gnade'. Uns ist Gnade angeboten, Lebensgemeinschaft, Freundschaft mit dem heiligen Gott. Und jeder, der sich dieser Gnade öffnet, der die ausgeschüttete Gnade des Dreifaltigen Gottes gleichsam auffängt, jeder, der dies tut, wird ein heiliger Mensch.

Heiligenverehrung ist zu unserem Heil nicht notwendig, das hat die Kirche immer gesagt. Aber wir dürfen auch heute darauf hinweisen: Heiligenverehrung verhilft dem, der in sie hineinwächst, zu befreienden Impulsen für die eigene Gottesverehrung und Daseinsgestaltung.

Als zerrissene Menschen, die dem Leben mißtrauen, wenden wir uns suchend den Heiligen zu. Sie sind die großen *Liebenden* der Geschichte. Kein einziger Heiliger ist heilig geworden mit einem verdorrten Herzen. Saftlos, kraftlos kann man kein Heiliger werden. Wir bedürfen der brennenden Herzen in dieser nüchternen, eisigen Welt. Die Heiligen haben diese Herzen, und sie haben aus dieser mächtigen, immer wieder neu sich anfachenden Glut zu leben gewagt. Und wer sie als schrullige, säuerliche Typen schildert, der hat sie geschmäht und verleugnet. Die Heiligen sind die *frohen* Menschen. Uns aber tut die Freude dringend not. Walter Nigg, ein reformierter Theologe, nannte die Heiligen „die bedeutendsten Gegenspieler des Nihilismus". Wenn heute viele überfallen sind von lähmender Resignation und nicht mehr an die Zukunft glauben, ja, nicht mehr an sich selbst glauben und nicht einmal mehr an ihre Liebe zu den Mitmenschen, dann sollten sie in die Schule der Heiligen gehen. Denn die Heiligen haben es unter ebenfalls lästigen und schwierigen Verhältnissen fertiggebracht, ein bergeversetzendes Vertrauen und bis in den Tod hinein die Freude zu bewahren.

Gottes Verheißung, Gottes Zusage an die Welt wird gestaltetes Leben in den Heiligen, in den Menschen, die ganz offen sind für Gott. Weil es das aber gibt, ein Übersetzen der Sprache Gottes in das menschliche Leben, deshalb sollte man auch heute nicht immer wieder vom ‚gottunfähigen' Menschen sprechen.

Wenn wir offene Augen haben, dann erkennen wir die Heiligen in unserer Nachbarschaft, unter unseren Bekannten und Freunden. Ich würde nicht anstehen, einen tüchtigen Unternehmer und eine junge Mutter aus meinem Bekanntenkreis ohne weiteres unter die Heiligen zu zählen.

Es gibt so viele Wege zu Gott, wie es Menschen gibt. Jeder Heilige ist eine einmalige, unwiederholbare Person, ein Original, in dem sich göttliche Gnade und menschliche Freiheit vereinen.

Die Heiligen sind keine personifizierten Tugenden; sie sind Flammen, die uns erwärmen und voranleuchten.

Auch die Heiligen wurden schuldig. Es gibt keinen Menschen ohne Schuld. Haben wir doch den Mut, uns unsere Schuld und damit unsere Sünde – die Sonderung von Gott – einzugestehen. Jeder hat sich gottwidriger Gedanken und Taten oder unterlassener Nächstenliebe anzuklagen. Bereuen wir, bekennen wir und fangen wir wieder von neuem an, nach dem Willen Gottes zu leben. Die Heiligen wurden nicht deshalb heilig, weil sie nie strauchelten; sie wurden heilig, weil sie nach jedem Straucheln ihren Weg der Nachfolge tapfer fortsetzten, im Vertrauen auf das göttliche Erbarmen.

Wer nicht im *geistigen* Leben lebendig ist, der kann auch nicht im *geistlichen* Leben vorankommen. Es geht nicht ohne Ringen und Suchen; nur ringend und suchend finden wir zu einem verantworteten Dasein und einem verantworteten Glauben.

Glauben heißt mitten in der Welt der Erscheinungen das Unsichtbare, Eigentlich-Wirkliche erkennen. Und dieser Glaube richtet sich auf den Dreifaltigen Gott, der zu uns spricht. Geistiges und geistliches Leben gehören zusammen. Das Geistige ist der Unterbau des Religiösen. Auch das Leben des Glaubens entwickelt sich nur im rechten

Hören und Lesen, wie das geistige Leben. Im tiefen Wort des Menschen und erst recht im ewigen Wort Gottes strömt das Licht auf uns zu.

Was soll das Gerede von der mobilen Gesellschaft, wenn wir damit nichts als Autos und öffentliche Strukturveränderungen meinen? Wir selber müssen mobil, beweglich, spontan sein, bereit zu den Änderungen, die zum Besseren führen.

Das gilt auch für die religiöse Haltung, von der letztlich alles abhängt. Gandhi hat nach einer Europareise die Unbeweglichkeit der Christen hart gegeißelt, indem er schrieb, die Segnungen des Christentums seien bei vielen offensichtlich nicht im Herzen angelangt; das Christentum bilde bei ihnen nur eine Etikette. Aber es gilt zum Glück auch das Gegenteil: Wenn nicht bei ‚vielen‘, so doch bei einzelnen hat das Christentum die Herzen erreicht und verwandelt. Unvergeßlich ist mir das Bekenntnis eines Ingenieurs, der bei einer Tagung ganz unpathetisch sagte: „Jetzt erst, mit vierzig Jahren, habe ich das Beten gelernt." Und sicher hätte er fortfahren können: Der Geist Christi bestimmt mich nunmehr in all meinem Denken und Handeln.

Wo einer nur Sätze und Dogmen aufnimmt, da befindet er sich immer noch im Vorfeld des Glaubens. Die geglaubte Wahrheit sollen wir als Wirklichkeit ergreifen und einbeziehen in unser Leben. Dem Glaubenden stehen nicht nur irgendwelche feste Sätze unverrückbar gegenüber. Nicht nur der Verstand soll in Bewegung kommen: das Herz, die Mitte der Person, soll das große Angebot Gottes, sein Heilsangebot, aufnehmen.

Der Mensch hat das Verlangen, in größere Tiefe und Weiten seines Daseins hineinzuwachsen, auch sich zu befreien aus der Verengung und der damit verbundenen Angst, die ihn quält und die er loshaben möchte. Hier bietet sich die Meditation an.

Wenn wir als gläubige Menschen, wenn wir als Christen meditieren, können wir gar keine andere als die *christliche* Meditation vollziehen. Sie unterscheidet sich darin von allen anderen Meditationen, daß der Gott, um den es dabei letztlich geht, kein unbekanntes Numinosum ist; dieser Gott ist vielmehr der Dreifaltige Gott, von dem wir Kunde haben durch und in Jesus Christus. Christliche Meditation hat es immer mit dem dialogischen und inkarnatorischen Charakter zu tun, das heißt, sie wird nie zum bloßen Selbstgespräch oder nie zum Gespräch mit dem Weltall oder einem mystisch verfließenden Irgendetwas. Ich kann mit Gott reden, und dieser Gott ist Mensch geworden. Damit hat nun das Menschliche und die Welt, hat der Kosmos seinen innersten Beziehungspunkt gefunden. Wenn ich meditiere, muß ich immer wieder zu diesem ‚Punkt' hinfinden. Dann wandere ich bei der Reise ins eigene Innere nicht ins Blaue hinein; ich komme bei *ihm* an.

Nichts gegen das theologische Denken, es ist unerläßlich; jedoch, es wird auch viel über Gott geplappert, viel Wirbel um ihn gemacht – gerade heute. Und selbst dort, wo in höchstem Ernst über Gott nachgedacht und geredet wird, bedarf es der Einsicht in die Unzulänglichkeit allen Theologisierens. Der Tübinger Philosoph und Moraltheologe Theodor Steinbüchel ermahnte uns deshalb als Studenten eindringlich, wir sollten ins Gebet hineinnehmen, was wir im Verstande trügen. Gott läßt sich, so prägte er uns ein, in kein Bild, in kein System fassen; alle Lehren seien lediglich Hinweise auf das göttliche Geheimnis. Diese Mahnung bedeutet nicht etwa eine Absage an den verbindlich orientierenden Wahrheitsgehalt der Dogmen. Doch: einzig im Seelengrund sind Liebe und Erkenntnis ungeschieden. Was aber taugte Erkenntnis ohne Liebe? So hat schon der Apostel Paulus gefragt. Die entleerte Herzensmitte ist der eigentliche Geburtsort des Religiösen. Im andächtigen Schweigen erlauschen wir das Nahen des heiligen Gottesgeistes. Und indem wir anwesend sind vor Gott, erlischt unser Eigenwille. Gottes Gegenwart bewegt den Schweigenden zur hingebenden Liebe, zur Übereinstimmung mit dem göttlichen Willen.

Meditation ist für den Christen personale Begegnung mit Gott und mit der ganzen von ihm gewollten und bejahten Wirklichkeit. Alles, was sich in mir ereignet, was sich in mir angesammelt hat, was Gefühlsbewegungen sind, was Fragen, Nöte, Sehnsüchte sind, das alles berede ich mit meinem Gott. Ich nehme diese Dinge zunächst in mir wahr, und der nächste Schritt ist für den Christen unausbleiblich der: Ich wende mich damit an meinen Gott.

Ruhig geworden, wenden wir uns nach innen. Als Geländer oder Strang für den Gang in die Innentiefe bietet sich etwa ein Bild, ein Wort oder ein Klang an. Ich betrachte zum Beispiel das Antlitz eines exemplarischen Menschen und nehme dann seine Wesenheit in mich hinein. Oder ich höre ein Wort der Wahrheit und bewege es in meinem Herzen. Oder ich lausche einer schönen Musik und lasse den Eindruck in meinem Inneren weiterschwingen. Es kann dann der Augenblick kommen, da das Bild, das Wort, der Klang verschwinden und ich bildlos, wortlos, klanglos gleichsam dem Absoluten begegne.

In unserer Zeit hat Teilhard de Chardin erleuchtete Betrachtungen über die Herzensreinheit angestellt. Reinheit im großen Sinne, schreibt er, bedeute nicht bloß Freisein von Sünden, darin bestehe nur „ihr negatives Gesicht", auch nicht allein Keuschheit, denn diese sei „ein bemerkenswerter Einzelfall von Reinheit". Reinheit, sagt er, sei jenes Schwunghafte und Geradlinige, das die göttliche Liebe in unser Leben hineinbringe, wenn man Gott in allem und über allem suche. Denen aber, die fragen, wie man solche Reinheit gewinne oder bewahre, gibt Teilhard die Antwort: „Die christliche Erfahrung lehrt, daß sich diese Reinheit durch Sammlung, durch das betrachtende Gebet, durch das reine Gewissen, durch die lautere Absicht, durch die Sakramente erhält."

Wer immer die Fenster seiner Seele auftut, wer das Wort Gottes vernimmt und im Glauben versteht, der kann es tagtäglich sehen: Gottes Liebe wandert durch die Geschichte. Sie hat Gestalt angenommen in Christus, der auch heute mitten unter uns ist, segnend und heilend, tröstend und verzeihend. Tagtäglich wird sein Opfer verkündet und erneuert. An allen Altären wird in seinem Namen und Auftrag gesprochen: „Das ist mein Leib, der für euch hingegeben wird. Das ist mein Blut, das Blut des Neuen Bundes, das für euch und für alle vergossen wird zur Vergebung der Sünden." Gibt es etwas auf der Welt, was die Liebe sinnfälliger darstellen könnte?

Der christliche Philosoph Jacques Maritain sprach davon, daß das Denken eine unerläßliche Pflicht sei, und Mario von Galli nannte es die neue Buße.
Die Christen müssen intelligenter werden – mit diesem Appell ist gewiß nicht eine Intellektualisierung aller Gläu-

bigen gemeint. Einen solchen Anspruch dürften jene mit
Recht zurückweisen, die nicht zu den ‚Intellektuellen'
zählen, womit man in der Regel die Akademiker und Li-
teraten bezeichnet. Das Hauptwort Intelligenz und das
Eigenschaftswort intelligent hängen mit dem lateinischen
Verb *intelligere* zusammen: innewerden, verstehen,
wahrnehmen, empfinden, einsehen, begreifen, wissen,
erkennen, beurteilen, würdigen. Ein solches *intelligere*
beschränkt sich nicht auf einen bestimmten Stand. Jeder
von uns ist schon intelligenten Bauersleuten oder Arbei-
tern und unintelligenten Akademikern begegnet. Die
einseitige Entwicklung des Intellekts ist eine Gefahr; zur
umfassenden Klugheit gehört das vernünftige Denken
auch im alltäglichen Leben, gehört der geformte Charakter und das kultivierte Gemüt und gehört besonders die
Glaubensbildung.

Die Glaubensbildung ist keineswegs ein von der Bildung
abgetrenntes Gebiet; alles, was an fruchtbarer Erziehung
und Selbsterziehung geschieht, nährt auch unser Wachstum im Glauben. Nicht jeder Christ braucht daher theologische Gelehrsamkeit zu erwerben. Wohl aber soll er
die grundlegenden christlichen Wahrheiten erkennen
und das für wahr Erkannte in die Lebenswirklichkeit
umsetzen. Ein sogenannter einfacher Mensch dringt oft
tiefer in den Glauben ein als mancher Gelehrte, weil ja
nicht ein einseitiger Intellekt den Glaubenszugang eröffnet; zum verstandlichen Erkennen muß die Glaubens*erfahrung* und das *Tun* der Wahrheit hinzukommen. Es
gibt keine Glaubenserkenntnis ohne andauerndes Gebet
und tägliche Bewährung vor Gottes Angesicht. Der Betende reift in der Liebe, und nur der Liebende ist ‚im
Glauben gebildet'.

Glauben und Handeln sind unlöslich verbunden. Wer glaubt, der fragt auch: „Herr, was willst du, das ich tun soll?"
Diese Frage wird dem Gewissen gestellt. Das Gewissen ist vorgegeben und aufgegeben. Wie läßt es sich definieren? Das Gewissen ist das kritische Vermögen des Menschen, das Gute zu erfassen; der Mensch selbst ist es, der Wertentscheidungen trifft. Wir müssen uns von vereinfachenden Bildern lösen, nach denen das Gewissen als ,Kompaß' oder als ,Signalanlage' begriffen wird.
Eine Gewissensentscheidung ist immer ein Wagnis, zu dem sich ein religiöser Mensch nur betend entschließen kann. Wer betend eine Gewissensentscheidung getroffen hat, darf sich sagen: Ich habe die Entscheidung vor Gott verantwortet. Ich habe die Liebe zum Richtmaß meines Handelns gemacht.

Im Gewissen erfährt der Mensch seine Verantwortung. Das Gewissen ist nie fertig. Es ist nicht statisch, sondern lebendig, und hieraus ergibt sich die Frage: Wie bilde ich mein Gewissen?
Mein Gewissen ist vor-gebildet durch das Elternhaus, die Schule, die Kirche, durch verehrte Vorbilder. Es geht beim Erwachsenen um Weiterbildung und wohl auch um manche Korrektur. Sittlich richtig handelt, wer den Anspruch der Wirklichkeit erfüllt. „Das Gute ist das Wirklichkeitsgemäße" (J. Pieper). Ich muß die Wirklichkeit in der rechten Weise durchdenken und durchleiden, um zu einer richtigen Entscheidung zu kommen.
In unserer hochkompliziert gewordenen Welt erkenne ich das Wirklichkeitsgemäße vielfach nur durch den Rat von Sachkundigen. Ich muß mich belehren lassen, sei es durch Bücher, sei es im Gespräch, sei es durch Vorträge. Aber immer und überall muß ich wachsam und kritisch sein. Viele Normen werden heute in Frage gestellt. Re-

klame, Illustrierte, Propaganda üben einen Druck von außen aus. Man soll sich dem hier dargestellten Durchschnittsmenschen anpassen; dieser aber ist gerade nicht der verantwortungsfreudige Mensch, der unbestechlich sein Gewissen vor Gott befragt.

Wer aus dem Gewissen lebt, erlangt auf die Dauer mehr ‚Lebensqualität'; seine geistig-geistlichen Ansprüche werden immer höher.

Normen sind kein Gegensatz zum Gewissen; Ordnung und Gewissen sind aufeinander bezogen. Sittliche Weisungen sichern und schützen die Gewissensentscheidung.

Der Mensch der Gegenwart will sich in selbständiger Freiheit entscheiden, und zwar nach klaren sachlichen Gründen. Auch das Zweite Vatikanische Konzil appelliert an die selbständige Entscheidung. Man kann den Menschen nicht einfach nach bestimmten zeitlosen Prinzipien ausrichten, man muß auch seine gegenwärtigen Lebensumstände berücksichtigen.

Aber es ist sehr viel schwerer, nach dem Gewissen zu leben, als sich unkritisch an bestimmte Gebote oder Verbote zu halten. Dazu brauchen wir Mut, ja Opfersinn.

Wieviel schwerer es sein kann, nach seinem Gewissen zu leben, habe ich sehr eindrucksvoll an einem Studenten erfahren, den eine Gewissensentscheidung weit über das hinausführte, was in seinem Fall die Norm verlangt hätte:

Dieser deutsche Student war befreundet mit einem schwarzen Studenten, der eines Tages in wirtschaftliche Not geriet. Was schuldet in solcher Lage der Freund dem Freunde? Alles, was ich entbehren kann, sagte sich der deutsche Student. Er verkaufte sein Auto, gab den Erlös dem schwarzen Freund und benutzte fortan sein Fahrrad oder öffentliche Verkehrsmittel. Der Vater dieses jungen Mannes aber war außer sich über seinen närrischen Sohn, der für einen Kommilitonen, dazu noch für einen Neger, sein Auto verkaufte. Er verlangte von ihm, daß er sich in der psychiatrischen Ambulanz auf seinen Geisteszustand untersuchen ließ. Das Ergebnis ,kerngesund' beruhigte ihn nicht; es kam zum Bruch zwischen Vater und Sohn.

So viele bedrängt heute die Gewissensfrage: Soll ich meine alte Mutter, meinen alten Vater in unsere Familie aufnehmen oder besser in ein Altenheim geben? Die Lösung kann je nach der Lage verschieden ausfallen:
Ein Ehepaar, das nach langem innerem Ringen die Mutter der jungen Frau zu sich nahm, mußte nach einigen Monaten eine neue Entscheidung treffen: Die alte Frau war durch ihre nörgeligen Erziehungsversuche so belastend für die drei Kinder, daß die Eheleute sie schließlich doch in ein Heim gaben. Die junge Frau rechtfertigte sich bei ihren Verwandten und Freunden unter Tränen: ,,Ich liebe meine Mutter, und ich liebe meine Kinder, aber für die Kinder mußte ich wohl oder übel meine Mutter ,opfern'." Übrigens war die alte Frau dann im Heim zufriedener als in der lebhaften Familie.
Bei einem kinderlosen Ehepaar in mittleren Jahren erlebte ich, wie das Gewissen des Mannes nicht zur Ruhe kam, weil sein Vater sich in einem Heim verlassen fühlte. Durfte er aber seiner zarten Frau die Fürsorge für den Vater zumuten? Die Frau selbst holte dann ihrem Mann zulieb den Schwiegervater ins Haus und hielt ihre einmal getroffene Entscheidung bis zuletzt mit bewunderungswürdiger Hingabe durch.
Wohlgemerkt, beidemal war die Entscheidung ,gewissenhaft'.

In modernen Beichtspiegeln habe ich schon viel Gutes über die richtige Gewissenserforschung gelesen, aber ich habe bis jetzt immer die Frage vermißt: Wie bin ich mit meiner Muttersprache umgegangen?

So lege ich jetzt *uns* die Frage vor: Was können wir tun, damit unsere Muttersprache nicht vollends ihre Lebendigkeit verliert oder zum Geschwätz entartet? Nun, es bleibt wohl nur *ein* Weg zur Heilung: die Pflege des guten und wahren, des zuchtvollen Sprechens.

Doch die Gesundung der Sprache fängt auch im Verborgenen an – im Schweigen. Jede Quelle wird gespeist vom tiefer liegenden Urquell; so fließt auch das Wort nur rein von den Lippen eines Menschen, der zu schweigen versteht, der aus dem Urgrund lebt.

Bei all dem geht es uns keineswegs um eine schöngeistige Spielerei oder nur um Form- und Stilfragen. Weil Gott in Menschenworten seine Herrlichkeit, seine Nähe und seine Liebe offenbar werden läßt, deshalb kann uns die Sprache nicht gleichgültig sein.

Wir haben ein erneuertes Kirchenverständnis. Wir verstehen die Kirche nicht als starres Gebilde; wir verstehen die Kirche als pilgernde Kirche. Wir, die Glieder dieser Kirche, müssen voranschreiten und bestimmte Dinge – bestimmte liebgewordene Dinge – auch einmal hinter uns lassen, denn wir leben in der Geschichte, und in jeder neuen Epoche ergeht ein neuer Anruf an uns.

Erinnern wir uns immer wieder an die Mahnung, die im ersten Johannesbrief steht: „Traut doch nicht jedem Geist, sondern prüft die Geister, ob sie aus Gott sind. Falsche Geister sind ausgezogen in diese Welt." Bitten wir um unbestechliche Urteilskraft! Unterstützen wir einander in unserer Einsicht, damit wir die Geister in un-

serer Welt unterscheiden und die geistigen Strömungen
gerecht beurteilen!

In diesen Zusammenhang gehört jedoch auch ein Hinweis auf gewisse Erscheinungen in der Kirche. Wir sind
zum Teil eigenartig unsicher bei den Vorgängen, die sich
heute in der Kirche ereignen und die doch längst fällig
waren. Als Christen müssen wir, laut dem Konzil, unterwegs sein. Wir sind eine Kirche, die vorwärtsdrängt. Gerade darum sollten wir keiner Nervosität verfallen, wenn
zum Beispiel neue liturgische Formen eingeführt werden,
die unseren Glauben deutlicher zum Ausdruck bringen.
Man befürchtet schon, einer sei nicht mehr rechtgläubig,
wenn er nicht genau in der früheren Form die Kommu-
nion empfängt. Wie steht es denn da mit unserer Gabe
der Unterscheidung? Sind wir unseres Glaubens so wenig
gewiß?

In der österlichen Bußzeit hält uns die Kirche immer wieder dazu an, Distanz einzuüben gegenüber den Dingen
der Welt. Der Beweggrund dafür ist nicht etwa die Ver-
achtung des Geschaffenen, wie sie den Christen immer
wieder nachgesagt wird. Wir sollen dadurch frei werden
von der Faszinationskraft des nur Äußeren, damit sich
unser Blick und unser Herz neu dem Wesentlichen zu-
wende.

Die Kirche als die Gemeinschaft der Gläubigen darf die
Gemütswerte nicht preisgeben. Der Rationalismus, den
wir heute auch im kirchlichen Raum als Kälte erleben, ist
keine Gabe des Heiligen Geistes, denn der Geist bewahrt
die Einheit von Kopf und Herz. Wohl aber ist die reife
Nüchternheit eine Gnadengabe. Sie schützt uns davor,
daß wir Gefühle mit Weichlichkeit, mit Sentimentalität,
mit Verschwommenheit gleichsetzen und daß wir sie in

der Glaubenserziehung zweckgerichtet hervorrufen. Für die Gefühlsechtheit im religiösen Leben gibt es ein untrügliches Maß: Die Hingabe an den Dreifaltigen Gott erweist sich in der Liebe zum Anderen. Aus der Aktion kehrt der Christ aber immer wieder zur Kontemplation zurück. Hingebende Liebe zu Gott und dem Nächsten erneuert sich im Gebet. Sie hat ihre eigenen Gesten, ihre eigene Sprache, und keiner darf sie dem Glaubenden verwehren, gebrauchte doch selbst Jesus den Kosenamen ‚Abba‘ für seinen himmlischen Vater.

Wer an Gemütstiefe verliert, verliert auf die Dauer auch an Glaubenstiefe. Glauben hat es nicht nur mit dem Denken zu tun, so wichtig das Denken auch ist, das die Glaubensinhalte erkennt und festhält: Der Glaube ist zuallererst die Bindung des ganzen Menschen an ein Du, an eine Person. Deshalb konnte Kardinal Newman versichern, Frömmigkeit wiege alle theologische Gelehrsamkeit auf. Der Glaube verlangt Hingabe. Wir fassen Vertrauen zu Jesus Christus als unserem Bruder und geben uns ihm in Liebe hin.

Daß im letzten einzig die Liebe Bestand hat, verkündet uns Christus in der eindringlichsten Weise mit Worten und Taten bis hin zur Botschaft vom Jüngsten Gericht. Am Ende wird der Mensch geprüft, ob er bestehe. Welche entscheidende Bedingung stellt der ewige Richter, daß einer Anteil erhalte an seiner Herrlichkeit, am Neuen Himmel und an der Neuen Erde? Er verlangt, daß wir Liebe geübt haben.
Die Forderung nach Liebe, die über unser ewiges Schicksal entscheidet, führt uns zum wesentlichen Grund, weshalb die Liebe das Bleibende ist: Gott will sein Reich mit jenen Geschöpfen vollenden, die ihm am ähnlichsten

sind. Wer aber gliche ihm, der nicht die Liebe hätte? Denn „Gott ist die Liebe", in unermeßlicher Fülle. Und da er selbst die Liebe ist, darum hat jeder liebevolle Gedanke und jede Liebestat Anteil am Glanz seiner Herrlichkeit.

Was bleibt, das ist die Liebe! Vernehmen wir hier nicht eine befreiende Botschaft? Wie oft geschieht es, daß einer mit dem Glauben, dem Gottvertrauen, mit einem Gebot Gottes eine Zeitlang nicht zurechtkommt, doch er kann weiterhin Liebe üben. Die Liebe ist das Tor, durch das er immer aufs neue zu Gott finden kann. In einigen Ländern sind heute Christen von außen her gehindert, das Leben der Kirche mitzuleben; es bleibt ihnen jedoch, wie Peter Lippert gesagt hat, die höchste Form der Freiheit; sie können die Schranken des eigensüchtigen Ich übersteigen und die Liebe verwirklichen. Und vielleicht kommt für viele Menschen die Stunde der noch härteren Bedrängnis, da sie nicht einmal mehr am Nächsten diese Liebe üben können, weil er ihnen entzogen ist; aber es bleibt ihnen dann noch immer die Fürbitte und das Leiden. Ist nicht gerade die leidende Liebe der Kreuzesliebe des Herrn am ähnlichsten? Solches Lieben ist mächtiger als manche Aktion, weil sie teilhat an der Wesenheit Gottes selbst. Und überdies: es gibt kein Verhalten, das die Widersacher Gottes mehr überzeugt als die Liebe.

Auf ihn, den kommenden Herrn und Vollender hin, sich selbst und alles neu bereiten, Ausschau halten, sich neu orientieren: eben das wäre adventliches Leben.

Die Grundhaltung für alles Weiterschreiten heißt Vertrauen. Wie das Vertrauen trägt, wie es hell und heil macht, das wissen wir aus unserer Kindheit. Wer die schwierigen Schwellen zur ‚Bekehrung' als denkender, bewußter Christ überschritten hat und weiterschreiten will im geistlichen Wachstum, der lebt in der neuen Kindschaft: in der vertrauenden, gehorsamen Hingabe an den väterlich-mütterlichen Schöpfer und Erlöser, verleiblicht in seinem Sohne, „in dem alle Fülle der Gottheit wohnt". Dem Neuen, dem Dunklen, dem Künftigen ist nun sein verstörender Schrecken genommen. Wo immer wir in unserer mutigen Hingabe eine neue Schwelle überschreiten, kommen wir in die Geborgenheit. Längst, ehe wir die letzte, äußerste Schwelle überschreiten müssen, ist unser Bruder Jesus Christus uns vorangegangen und hat uns eine Wohnung bereitet im Hause seines und unseres Vaters.

Lebendige Hoffnung

Ein nachdenklicher Beobachter wird sich immer schwer tun, aus nur-menschlichen Erwägungen oder Erwartungen Hoffnung zu gewinnen. Das Nur-Menschliche reicht für eine tragfähige Hoffnung nicht hin. Wer die Hoffnung auf das Nur-Menschliche richtet, erlebt bald das Versiegen der Hoffnungsquellen, mögen sie nun Humanismus oder Marxismus heißen. Letztlich bedarf es tieferer Grundwasser, um die Hoffnungsquellen weiterfließen zu lassen. Aber es gibt diese tieferen Grundwasser. Es gibt eine den Sinnen zunächst verborgene Brunnenstube, die unsere Hoffnung speisen kann. Wir dürfen vertrauensvoll Hoffnung haben, weil Gott selbst uns lebendige Hoffnung gewährt. Das ist keine fromme Einbildung. Diese Hoffnung beruht auf Gottes Liebe und auf dem Erweis dieser Liebe, die geschichtlich offenbar geworden ist. Hoffnung gibt es, weil Gott Tatsachen gesetzt hat: Er hat unsere Welt erschaffen, und er hat unsere Welt erlöst.

Die Freude am Gegenwärtigen reicht für uns Menschen offensichtlich nicht; immer strecken wir uns schon aus auf das Künftige hin. Sicher hängt das damit zusammen, daß wir auf ein größeres Ziel unseres Werdens angelegt sind. Alles Vergangene und Gegenwärtige können wir nicht als das Endgültige erfahren, so groß auch ein augenblickliches Glück sein mag. Unsere Lebensgeschichte geht weiter, und wir spüren schmerzlich die Grenzen aller Freuden. Wer die Auffassung vertritt, mit dem irdischen Leben sei alles aus, für den ist das Anlaß zur Resignation; er behält höchstens den Trost verklärender Erinnerung. Wer jedoch die Zukunftsverheißungen Gottes annimmt, dem bleibt selbst durch die Sterbensmühsal hindurch eine unzerstörbare Erwartungsfreude. Nichts gibt es, das einem Glaubenden diese Vorfreude zu nehmen vermag. Ständig darf er in Erwartung des großen Zieles leben, zu dem ihn Gott in jeder Stunde führen kann.

Gerade mitten in den Umständen und Aufgaben des heutigen Tages haben wir durch die Freudenbotschaft, die Gott uns jetzt schon gewährt, die sichere Zusage eines sinnvollen Ziels, das unserem tiefsten Verlangen nach Glück allein entspricht. Wir sind nicht nur einem bald hellen, bald dunklen Schicksal ausgeliefert. Wir bewegen uns nicht nur unweigerlich dem Grabe zu: uns ist vielmehr eine leuchtende Gewißheit gegeben – jene Wahrheit, von der Teilhard de Chardin sagte, sie liege „in einer unbeirrbaren Hoffnung, daß die Sonne schließlich alle Wolken vertreiben wird".

Der gläubig Hoffende geht nicht auf in den Angelegenheiten der jetzigen Stunde, als gäbe es nur das Greifbare, Sichtbare, wissenschaftlich Feststellbare. Er ist unterwegs zu Größerem.

Wir sind nicht einer anonymen Evolution ausgeliefert. Weil die Welt Gottes Schöpfung ist, weil sie angelegt ist auf Jesus Christus hin, deshalb gibt es einen Sinn des Universums.

Im Unterschied zu den Naturreligionen mit ihrem ewigen Kreislauf des Werdens und Vergehens sehen wir Christen die Zeit als voranschreitende Zeit. Sie dreht sich nicht im Kreise. Sie naht sich auch nicht irgendeinem Ende, sondern sie ist – wie wir von Gott selbst wissen – hingeordnet auf das Ziel der Vollendung. Daher sollten wir die Zeit nicht zurückdrehen wollen. Lassen wir uns durch sie und in ihr dem Bleibenden näherkommen!

Wir Christen kennen Geschichte als Heilsgeschichte; diese verläuft nicht endlos im Ring oder in der Spirale, sondern, bildlich gesprochen, in einer Geraden mit Ausgangspunkt und Endpunkt. Sie reicht von der Erschaffung des ersten Menschen bis zur Fleischwerdung des Gottessohnes, seinem Leiden, Sterben und Auferstehen – und reicht weiter bis zur Wiederkunft des Herrn am Ende der Zeiten. Im letzten Stadium der Geschichte befindet sich die Menschheit seit bald zweitausend Jahren. Laut der Offenbarung ist die Natur einbezogen in die Heilsgeschichte und wird mit der Wiederkunft Christi umgestaltet in die Neue Erde; so findet auch der Kreislauf von Werden und Vergehen in der christlich verstandenen Zeit sein gnadenhaft verheißenes Ziel.

Gott führt durch alle Kräfte des Guten, durch alle Epochen der Geschichte zum Heil. Von ihm her, dem Erlöser und Vollender, haben wir Berechtigung und Grund, an die universale Vollendung zu glauben. Denn in der Wiederkunft Christi ereignet sich die Auferstehung der Toten, das Gericht, das alle Wirklichkeit ordnet, und die Verwandlung der Welt.

Carl Friedrich von Weizsäcker kam als junger Physiker ratsuchend zu Karl Barth, weil er den Sinn seines Berufs nicht mehr zu erkennen vermochte. Was tue ich den Menschen mit meinem Können Gutes? fragte er den Theologen. Und Barth gab ihm die Antwort: „Sie können nur Physiker, Naturwissenschaftler oder Techniker sein, wenn Sie an die Wiederkunft Christi glauben.“ Weizsäcker war über diese Auskunft zunächst verblüfft, begriff aber dann, was Barth meinte: Welt läßt sich auf Zukunft hin nur verändern im Vertrauen darauf, daß wir mit unserem Tun den Weisungen Christi folgen und daß der Herr unser begonnenes Werk vollenden wird in einem Neuen Himmel und in einer Neuen Erde.

Ein ebenfalls von Berufszweifeln befallener Ingenieur, dem ich dieses Gespräch wiedergab, meinte betroffen: „Ach, könnte ich die gleiche Überzeugung gewinnen! Das würde für mich die Freiheit bedeuten."

Der Christ weiß durch das Angebot und den Anruf Gottes, daß er – ungeachtet der vielen Schwierigkeiten und Rückschläge – sich wirklich auf dem Weg zum Ziel befindet. Der Christ hat eine Zukunft auch noch jenseits der Zeit. So ist für ihn das Leben nicht ein trotzig durchzustehendes ‚Sein zum Tode'. Sein zeitliches Leben mündet ins ewige Leben, mündet in Gott. Er lebt damit auf die ‚absolute Zukunft' hin.

Hoffnung ist kein Besitz, der ein für allemal gesichert ist und mit dem sich's ungestört leben läßt. Man hat der christlichen Hoffnung schon vorgeworfen, sie sei so sehr auf die Vollendung der Welt und des Menschen festgelegt, daß nichts mehr übrigbleibe an Hoffnung für die Welt. Das stimmt keineswegs; gerade das Gegenteil ist wahr. Die Hoffnung, welche den Zielen Gottes und damit der absoluten Zukunft gilt, muß auch der Ursprung für die Schwungkraft unseres jetzigen Strebens sein. Unser Handeln in dieser Welt und das Reich Gottes der Endzeit stehen in engstem Zusammenhang. Darum dürfen wir nicht in stiller Ergebenheit und Untätigkeit darauf warten, bis Gott sozusagen mit dem Schlag eines Zauberstabes alles zur Vollendung führt; das Harren auf Gott muß Einsatz, Wagnis und Mut erzeugen.

134

Gott hat den Anfang der Auferstehung und die Kräfte der Auferstehung in die Welt gelegt. Wir sind Partner Gottes und sollen das Gute, das Heil in der Welt entfalten und mehren, damit die Schöpfung der Auferstehung entgegenreift, ja förmlich entgegendrängt. In sichtbarer Weise sollen wir die Hoffnung in der Welt verwirklichen. Wir sind dafür verantwortlich, daß es Hoffnung gibt für viele, die sonst verzweifeln.

„Die Welt wird dem gehören, der ihr auf dieser Erde die größte Hoffnung anzubieten hat", schreibt Teilhard de Chardin. Gibt es eine Hoffnung, die weiter gespannt ist, die tiefer reicht und vor allem die besser begründet ist als die, die uns geschenkt ist in Jesus Christus, unserem Herrn?

Am Eingang der Hölle steht in Dantes Göttlicher Komödie der Satz: „Laßt alle Hoffnung fahren, die ihr hier eintretet." Hölle ist Hoffnungslosigkeit. Nicht zur Hölle aber hat uns Christus verdammt, sondern zum Himmel berufen. Im Römerbrief frohlockt der Apostel Paulus: „Auf Hoffnung hin sind wir erlöst."

Jesus Christus ist der Mensch, wie ihn Gott von Ewigkeit her gewollt hat als Teilhaber an seiner Herrlichkeit. Er ist der Erste der Menschheit, ihr Haupt, der neue Adam. Als gottmenschliches Zielbild und Urbild geht er vor uns her. Er kam vom Vater und kehrt zum Vater zurück und zieht uns hinter sich nach.

Der Geduld ist oft Erfolg beschieden, ja häufig ihr allein, aber vieles bleibt auch offensichtlich erfolglos. Jedenfalls wird der Mensch, der noch so geduldig an sich arbeitet, nie vollkommen; im Zeitlichen ist er immer ein Werdender. Und manches seiner Werke hinterläßt er unfertig. So wäre die Geduld letztlich zum Scheitern verurteilt. Doch nicht für den Christen; eben weil seine Geduld sich über den Tod hinaus auf das kommende Gottesreich richtet. Von dort gewinnt jedes geduldige Warten und jedes geduldige Tun einen unbedingten Sinn. Denn unsere dauernde Mühe nährt das göttliche Reich, das keimhaft eingesenkt ist in die Zeit. Indem es, geduldig gemehrt, wächst und wächst, ruft es die Vollendung herbei. Die Geduld stimmt gleichsam ein in das urchristliche Gebet: ,,Komm, Herr Jesus!‘‘

Im Zeitlichen ist durch den Glauben an den erlösenden Herrn, der uns auferwecken wird für ein vollendetes Leben, die Tragik dieser Welt nicht aufgehoben, aber es ist ihr ein Ende gesetzt. Über eine kleine Weile, und wir werden der Angst, den Leiden und allem Vorläufigen entronnen sein. ,,Die Leiden dieser Welt stehen in keinem Verhältnis zu der Herrlichkeit, die sich an uns offenbaren wird‘‘, schreibt Paulus im Römerbrief. Was wir leiden, gleicht den Wehen vor einer Geburt, ohne Wehen aber gibt es auch kein neues Leben.

Die christliche Bewährung können wir mit jenem schönen Bild veranschaulichen, das Franz von Sales gebrauchte und das auch der Gute Johannes in seinem Geistlichen Tagebuch vermerkte. Franz von Sales vergleicht das Christenleben, das immer eine Kreuzesnachfolge darstellt, mit dem singenden Vogel im Dornbusch. Der in den Dornen singende Vogel ist ein wunderbares Bild vor allem auch für die Bewährung im Alter. Wollen wir als Christen nicht mitten im Dorngesträuch singen, den Mitmenschen zur Freude und Gott zur Ehre? In der Ewigkeit dürfen wir weitersingen in Büschen ohne Dornen. Das Kreuz ist von dieser Erde; in der Ewigkeit verwandelt es sich in Glorie.

In der Heilsgeschichte hat mit der Himmelfahrt des Herrn die Vollendung begonnen. In vielen Bildern und Vergleichen spricht das Evangelium vom strahlenden *Jetzt* gegenüber dem düsteren *Einst:* Jetzt ist das Licht, Versöhnung, Gottnähe, wo einst Verlorenheit, Finsternis, Gottferne war. Immer wieder bezeugt der Apostel Paulus mit dem ganzen Neuen Testament, daß der erhöhte Herr die lebenspendende Wirklichkeit sei; allein in ihm werde der Friede gestiftet zwischen Gott und unserer Welt.

Vorüber ist jetzt die Zeit, die dahinströmt, Welle auf Welle, und die nicht weiß, ob irgendwo ein Ozean wartet, der sie auffängt. Überstanden ist jene verdammte Zeit, die nichts anderes kannte als das monotone, unaufhörliche Lied von Geburt und Tod, von Tod und Geburt. Weil Christus starb, auferstand und in den Himmel auffuhr, gibt es für uns eine zielstrebige, sinnvolle Geschichte. Der Gottmensch lenkt nun die Ströme der Gezeiten zur Fülle. Er beschenkt jedes einzelne Schicksal durch seine immerwährende Fürsprache beim Vater. Und alle Stunden, die großen wie die kleinen, läßt er am Ende dieses Äons einmünden in das vollendete Gottesreich.

Der Herr hat den Seinen versprochen: „Ich gehe hin, euch ein Heim zu bereiten." Da Christus als Repräsentant der Menschheit und des Kosmos beim Vater weilt, verlangt es ihn danach, daß auch wir für immer aufgenommen werden in das Reich der Vollendung.

Erst im Glanz des ewigen Vaters erreichen wir das Ziel aller unserer Wege, den Frieden nach unseren Kämpfen, die Erfüllung jeglicher Sehnsucht. John Henry Newman schildert den wahren Christen als einen, „der Ausschau hält nach Christus; nicht nach Gewinn oder Auszeichnung oder Vergnügen oder Nutzen, vielmehr Ausschau nach dem Erlöser, dem Herrn Jesus Christus": Wir wis-

sen, daß dieses ständige Ausschau-Halten nichts gemein
hat mit unfruchtbarer Weltflucht, mit einer Flucht vor
der Verantwortung. Im Gegenteil, gerade der Ausblick
auf das endzeitliche Daseinsziel gibt uns den Mut zum
Dienst an der Welt und verleiht uns Gelassenheit trotz
des noch Unvollkommenen.

Wenn ich an einem neuen Ort bin und Muße habe, besu-
che ich auch den Friedhof. Die Inschriften geben mir ein
Bild von der Glaubenshoffnung der Trauernden oder von
ihrer Phantasterei und Resignation.
Da steht auf einer Urne geschrieben: „Vita et mors soro-
res" (Leben und Tod sind Geschwister). Konnten sich
die Hinterbliebenen an dieser antiken Weisheit aufrich-
ten? – Eine marmorne Frauengestalt mit Rosen im Arm
kauert auf einem Sockel, in den die Mahnung eingraviert
ist: „Ach lieb, solang du lieben kannst!" Die Witwe, die
ihrem Mann das aufwendige Monument gesetzt hat, lebt,
wie mir scheint, nur noch zurückgewendet. Weiß sie
nichts von einer Liebe, die in die Ewigkeit weist? – Und
was dachte sich jener Witwer, der seiner Lebengefährtin
und sich selbst keine andere Inschrift wußte als das Goe-
thesche Gedicht: „Über allen Gipfeln ist Ruh... Warte
nur! Balde ruhest du auch"? – Eine pausbäckige Gips-
putte sitzt auf einem Kindergrab, und die Eltern haben
sich mit dem Verschen getröstet: „Als Gottvater seine
Englein zählte, merkte er, daß eines ihm noch fehlte..."
Das fehlende ist der hier bestattete kleine Toni. Klingt
das nicht nach Märchenland?
Schließlich finde ich ein Holzkreuz, wie man es vorläufig
auf frische Hügel pflanzt, und darauf handschriftlich das
Bekenntnis: „Daß Jesus siegt, bleibt ewig ausgemacht,
sein wird die ganze Welt." Und dicht daneben, als hätten
die Glaubenden ihren Ruheplatz beieinander gewählt,
entdecke ich auf einem schlichten Steinkreuz das Wort
aus der Offenbarung: „Siehe, ich mache alles neu."

138

Die kosmischen Erschütterungen des Jüngsten Tages bringen keine Untergangskatastrophe im Sinn einer totalen Zerstörung; sie löschen die materielle Welt nicht aus. Sicher, „die Gestalt dieser Welt vergeht", wie Paulus im ersten Brief an die Korinther betont. Sie vergeht aber nur, um einer neuen Form materieller Existenz Platz zu machen – einer Existenz, die für das Leben der Erlösten der gemäße Ort und die angemessene kosmische Erweiterung ihrer Leiblichkeit ist. Christus selbst verheißt denen, die ihm nachgefolgt sind, das Leben in einer erneuerten Welt.

Gott, der uns gerufen hat, ist treu. An dem Tag, da er seinen Sohn verherrlicht, wird offenbar, daß kein Schritt umsonst war, den wir mit ihm und auf ihn hin taten. Unser Mühen und Ringen ist nicht vergebens, sowenig wie das Ausharren in Mühsal, Leiden, Kreuz und Verfolgung. Das gilt für den Einzelnen wie für die Kirche.

In verklärter Leiblichkeit werden die Glaubenden Gott schauen; „Söhne der Auferstehung" nannte sie der Herr laut dem Lukas-Evangelium. Was Christus, dem Haupte der Menschheit, geschehen ist, soll auch all denen geschehen, für die er sich zum Opfer gab. Er wird „unseren armseligen Leib zur Gleichgestalt mit dem Leibe seiner Herrlichkeit verwandeln", schreibt Paulus. Dieser Auferstehungsleib wird Leib bleiben, aber anders als im Pilgerzustand des zeitverhafteten geschichtlichen Daseins. Gott gibt dem Leib „eine Gestalt, wie er's beschlossen hat". „Gesät wird in Vergänglichkeit, auferweckt wird in Unvergänglichkeit; gesät wird in Schwachheit, auferweckt wird in Kraft; gesät wird ein sinnenhaft-irdischer Leib, auferweckt wird ein Geistleib." Nach Worten und Begriffen ringend, sucht Paulus das Unsagbare zu umschreiben. Das Mysterium können wir nur ahnen. Dies aber dürfen wir für gewiß halten: „Was kein Auge gesehen und kein Ohr gehört und was in keines Menschen Herz gedrungen ist, das hat Gott denen bereitet, die ihn lieben."

Die Auferstehung des *ganzen* Menschen ist das Kernstück unseres Glaubens. Gäbe es sie nicht, wären wir Christen nur betrogene Toren, „erbarmungswürdiger als alle Menschen", wie Paulus versichert. Empfängt unser Leben von dieser Offenbarungswahrheit her nicht allen Sinn?
In immerwährendem Ostern feiern wir den Sieg des Herrn über die Todesmacht. In verklärter Leibesgestalt zeigte er sich seinen Jüngern. Mit ihnen dürfen wir Zeugen der Auferstehung Christi sein.

Wenn wir bedenken, daß der Mensch in verklärter Leiblichkeit auferstehen soll, dann erfassen wir auch den Glaubenssatz von der leiblichen Aufnahme Mariens in den Himmel viel besser. Das Dogma bezeugt, daß der gehorsame, liebende Mensch durch die Vernichtung im Tode hindurch aus Gnade auferweckt wird zum ewigen Sein. So wie Maria als die völlig Gehorsame schon in verklärter Leiblichkeit bei Gott weilt, so sollen auch wir einst bei Gott weilen. Maria repräsentiert die Glaubenden und die an sie ergangene tröstliche Verheißung.

Mit seiner Menschwerdung und durch seine Auferstehung in verklärter Leiblichkeit hat der Gottessohn sein endgültiges Ja zum Leib und zur Schöpfung gesprochen. Unsere Erlösung geschieht *am* Leib, nicht *vom* Leib. Unterpfand dafür sind die Sakramente, die zeichenhaft auf unsere Leiblichkeit eingehen als Wort, Wasser, Brot, Wein, Salböl, Nahrung fürs zeitliche und ewige Leben. Im Glaubensbekenntnis bezeugen wir „die Auferstehung des Fleisches und das ewige Leben". Das bedeutet in der biblischen Sprache Heil für den *ganzen* Menschen, gebildet aus Leib und Geistseele; das Neue Testament kennt keine menschliche Seligkeit ohne den Leib.

Freilich, *wie* der Neue Himmel und die Neue Erde im einzelnen beschaffen sein werden, wie sie aussehen, in welcher Weise wir dann leben und mit der neuen Schöpfung umgehen, darüber spricht die Heilige Schrift auch nur in Bildern. Aus unserem irdischen Leben kann unsere Vorstellung kein jenseitiges, kein transzendentes Leben entwerfen. Hier ist zeitliches Leben, dort überzeitliches, ewiges Leben. Aber wir dürfen dem Herrn vertrauen, der von einem Leben „in Herrlichkeit" spricht.

Es ist uns gesagt, daß der Welterlöser auch die außermenschliche Schöpfung von der Verderbnis befreit. Wie die Natur hineingezogen wurde in den Fluch der Sünde, so wird sie auch einbezogen in die Befreiungsgeschichte des Menschen durch Jesus Christus.

Ein evangelischer Freund erzählte mir vom Sterben des schwäbischen Theosophen Michael Hahn:
Als Hahn schon wie bewußtlos dalag, flüsterte einer der an seinem Bett Versammelten: „Jetzt hört das Leben auf." Da öffnete der Scheidende noch einmal die Augen, richtete sich ein wenig auf und entgegnete: „Nein, jetzt fängt das Leben an!"

Wir gehen dem Tag Gottes entgegen, unserem persönlichen Freudentag und dem Freudentag der hoffenden Menschheit, dem Erlösungstag der mitharrenden Kreatur, dem Vollendungstag des Kosmos. Alle zum Daseinsziel drängenden Wesen und Dinge werden dann eingehen in die Liebe Gottes.

Im ewigen Reich Gottes erwartet uns die völlige Gegenwart, die Gegenwart, die uns nach einem Wort Pascals „wirklich gehört". Dort, im Gottesreich, heißt es dann endgültig: Ich bin geborgen.

Mit freundlicher Erlaubnis der Verlage wurden aus früheren Werken des Verfassers (‚Stille im Lärm‘, ‚Der Jahre Gewinn‘, erschienen im Schwabenverlag, Stuttgart, und ‚Wage dein Glück‘, ‚Zeugen der Freiheit‘, erschienen im Johannes-Verlag, Leutesdorf) einige Texte in bearbeiteter Fassung übernommen.

Bücher und Schriften von Georg Moser

Auf dem Weg zu mir selbst
Verlag Herder Freiburg im Breisgau 1982
6. Auflage 1983, 64 Seiten

Herausgeforderte Kirche
Süddeutsche Verlagsgesellschaft Ulm 1981, 32 Seiten

Was die Welt verändert
Verlag Herder Freiburg im Breisgau 1980
3. Auflage 1982, 146 Seiten

Wie finde ich zum Sinn des Lebens?
Verlag Herder Freiburg im Breisgau 1978
6. Auflage 1981, 144 Seiten
Ins Niederländische, Dänische und Spanische übersetzt

Euer Herz verzage nicht
Süddeutsche Verlagsgesellschaft Ulm 1977
4. Auflage 1981, 24 Seiten

Der eine lebt vom andern
Süddeutsche Verlagsgesellschaft Ulm 1976
6. Auflage 1980, 24 Seiten

Wage dein Glück

Vom richtigen Umgang mit sich selbst
Johannes-Verlag Leutesdorf 1974
6. Auflage 1979, 56 Seiten

Der Jahre Gewinn

Lebensbetrachtungen
Schwabenverlag Ostfildern 1973
4. Auflage 1980, 124 Seiten

Zeugen der Freiheit

Über die Verehrung der Heiligen
Johannes-Verlag Leutesdorf 1973
4. Auflage 1980, 56 Seiten

Meditation – ein Weg in die Freiheit

Schwabenverlag Ostfildern 1972
5. Auflage 1979, 48 Seiten

Stille im Lärm

Meditationen und Anregungen
Schwabenverlag Ostfildern 1970
10. Auflage 1981, 160 Seiten
Ins Kroatische übersetzt 1978

Die Botschaft von der Vollendung

Eine materialkerygmatische Untersuchung über
Begründung, Gestaltwandel und Erneuerung der
Eschatologie-Katechese
Patmos-Verlag Düsseldorf 1963, 365 Seiten